긍휼

예수님의 심장

공 휼
예수님의 심장

초판1쇄 인쇄 2014년 10월 24일
초판1쇄 발행 2014년 10월 29일

지은이 하재성
펴낸이 이의현
펴낸곳 SFC출판부
등 록 제 114-90-97178
　　　　(137-803) 서울특별시 서초구 고무래로 10-8 2층 SFC출판부
　　　　Tel. (02)596-8493 Fax. 0505-300-5437
홈페이지 www.sfcbooks.com　　**이메일** sfcbooks@sfcbooks.com

기획 이의현
편집 송드바램
디자인편집 이새봄
영업마케팅 장향규

ISBN 978-89-93325-71-3 03230

값 11,000원

잘못 만들어진 책은 언제든지 교환해 드립니다.

긍휼

예수님의 심장

하재성 지음

긍휼
예수님의 심장

지은이의 말
추천하는 글
들어가며

제I부 예수님의 심장

제1장 긍휼(矜恤)
제2장 영혼을 어루만지다
제3장 심장을 내주다
제4장 다시 이어진 미래
제5장 안심 우선

제II부 견고한 심장   제6장 환대
제7장 장애와 죄
제8장 심장을 지나 땅으로
제9장 분노의 심장
제10장 생명 우선
제11장 침묵

제III부 그리스도께 바친 심장   제12장 믿음
제13장 나는 아닙니다
제14장 감사로 드린 심장

≪ 지은이의 말 ≫

 상담학을 공부하고 또 직접 사람들을 상담하는 상담자로서, 그리고 석사과정에서 신약신학을 공부하였던 신학도로서 저는 마치 중독에 걸린 것처럼 예수님의 인격에 반했습니다. 그래서 언젠가부터 설교 요청을 받으면 대부분 복음서를 뒤적였습니다. 어쩜 이런 상황에서 이렇게 말씀하실 수 있을까? 어떻게 이렇게 대화하시고 행동하실 수 있으셨을까? 어떻게 이렇게 사람을 존중하실 수 있을까? 우리 주님께서는 부족한 저의 눈에 늘 새롭게 발견되어 주셨습니다.

 그분께서는 언제나 성령님으로 충만하신 하나님의 아

들이셨습니다. 세상의 어느 누구도 흉내조차 낼 수 없는 하나님의 아들! 누군가가 증거가 없어서 예수를 믿지 못하겠다 말한다면, 저는 이분의 말씀 한마디, 상한 갈대를 꺾지 않으시는 몸짓 하나하나가 이분이야말로 하나님의 아들이시라고 증언한다고 말하고 싶습니다.

그리스도의 사랑은 우울증을 극복하기 위한 자원이며 묘약입니다. 그 사랑을 담으려고 성경에 긍휼의 돋보기를 대보았습니다. 이 글은 복음서에 기록된 우리 주님의 이야기들을 긍휼의 돋보기로 들여다본 것입니다. 선별적인 이야기들이지만, 예수님의 긍휼이 넘치는 심장 소리는 언제나 예외 없이 들렸습니다.

이 책이 교회의 새신자들께는 예수 그리스도께서 어떤 분이신지, 어떤 인격을 가진 분이셨는지, 그분께서 왜 하나님의 아들이심이 분명한지를 이야기해줄 것입니다. 그리고 이미 믿음이 있는 분들께는 다른 이웃들과의 만남 속에서 구체적으로 어떻게 예수님을 닮아 살 수 있는지 보여줄 것입니다. 예수님을 닮은 생활이 결코 추상적인 이야기가 아니라, 한 사람을 환대하고 긍휼히 여기는 것이라는 사실을 다시 생각하게 할 것입니다. 그리스도의 인격, 생명을 우선순위로 삼으신 것, 말 한마디로 치유하신 것을 우리는 본받아 살아야 합니다.

    예수님, 우리가 그렇게 그리워하고 사랑하는 그분께서는 성령님으로 충만하여 긍휼 덩어리 심장으로 세상을 사랑하신 하나님의 아들, 유일한 메시아이십니다. 주님을 사랑하고 찬양합니다.

하재성

일러두기: 이 책 본문에서 색으로 표시된 문장은 대한성서공회의 새번역 성경을 인용한 것입니다.

❦ 추천하는 글 ❧

저자는 상담학을 전공한 교수답게 상처 입은 마음을 깊이 공감하는 탁월한 감수성으로, 복음서에 깃든 주님의 긍휼의 심장을 섬세하게 해부하였다. 그래서 두려움에 떨며 슬픔과 절망에 잠겨 어찌할 바를 모르는 영혼들이, 그 긍휼의 가슴팍에 안겨 잔잔한 위로와 치유하시는 터치를 경험하게 한다. 목회자들에게는 험한 세상에서 고통 받는 교인들에게 따스하고 온화한 긍휼의 사역과 메시지가 얼마나 절실한지를 일깨워준다.

_박영돈 교수(고려신학대학원 교의학 교수)

저자의 글을 읽으면서 저자의 긍휼의 마음이 느껴지고, 그의 눈과 마음과 글을 통해 예수님의 긍휼이 큰 글자로 다가옵니다. 사마리아 여인, 나인성 과부, 혈루증 앓던 여인, 회당장의 딸, 폭풍에 떨던 제자들, 날 때부터 시각장애인으로 태어난 거지, 간음 현장에서 잡힌 여인 등 누구보다 긍휼이 필요한 자들에게 어김없이 다가가셨던 예수님의 긍휼이, 역시 긍휼이 절실히 필요한 저의 마음을 감동시킵니다. 이 책을 통해 고백하게 됩니다. 예수님께서는 온 세상을 돌봐오셨던 창조주 하나님의 긍휼이었음을!

_김성수 교수(고려신학대학원 구약학 교수)

인터넷과 소셜 네트워크로 촘촘히 짜인 길들과 관계 속에서 살아가지만 정작 저자의 표현대로 '미래로 가는 길이 끊어진 사람들'로 가득한 우리 시대에, 예수님의 긍휼만이 진정한 회복에 이르는 '치유의 길'을 만들어갈 수 있다는 깊고 맑은 메시지를 담고 있는 책이다. 저자의 예리한 시대 진단과 더불어 치유와 회복을 위한 처방은, 당연하고 평범한 사실처럼 보이는 진리 속에서 새로운 깨달음으로 독자를 안내해갈 것이다.

_김형준 목사(동안교회 담임목사)

들어가며
마태복음 20장 29~34절

상한 마음을 싸매주시는 하나님 아들

예수님께서는 하나님의 아들이시다. 성경의 약속과 그분의 능력을 볼 때 그러할 뿐만 아니라, 성품과 인격을 볼 때도 역시 하나님의 아들이시다. 그것은 바로 그 누구도 흉내 낼 수조차 없는 그분의 긍휼 때문이다. 예수님의 긍휼 가득한 인격은 복음서 곳곳에서 드러난다. 그 수가 많아서 이루 다 세기도 어렵다. 그 가운데 하나가 바로 여리고에서 두 시각장애인이 예수님을 만나 눈을 뜬 이야기이다.

예수님께서 십자가를 지실 유월절이 다가오고 있었다. 예수님께서는 예루살렘에서 마지막 만찬을 하신 후 원수들에게 체포될 운명이셨다. 갈릴리 사역을 마무리하고 예루살렘으로 가는 마지막 길목인 여리고에서, 예수님께서는 조롱과 채찍질을 당하시고 십자가에서 돌아가시는 것까지 제자들에게 구체적으로 말씀하셨다. 그리고 사흘 만에 부활하실 것도 말씀해주셨다(마 20장 19절). 어떤 신학자들은 예수님께서 십자가를 전혀 생각하지도 않고 계시다가 우연히 잘못되어 십자가를 지셨다고 말한다. 하지만 그것은 성경을 전혀 알지 못하는 사람들이 지어낸 허구일 뿐이다. 이제 여기서 하룻길(25km)만 더 가면 예루살렘에 도달하게 된다. 거기에서 예수님께서는 고난과 죽음을 끌어안으실 것이다.

마침 이곳 여리고에서는 예수님을 따르는 사람들과 유월절 순례객들이 자연스럽게 함께 섞이게 되었고, 1년 중 대목을 맞은 이 두 시각장애인은 길가에 앉아서 사람들에게 구걸하던 중이었다. 두 시각장애인은 또 하루의 삶을 연명할 적선을 소원하고 있었다. 그러나 예수님께서 지나가신다는 말을 들었을 때 이들의 소원은 180도 달라졌다. 더 이상 무리들이 던져 주는 몇 푼의 적선이 아니었다. 예수님께 구할 것은 한 가지, 그들의 평생의 소원, 곧 눈을 떠서 보는 것이었다. 그래서 그들은 담대하게 소리쳤다. "다윗의 자손이신 주님, 우리를 불쌍히 여겨 주십시오!"

하지만 이 두 맹인이 한 목소리로 외치는 소리가 무리들에게는 성가신 소음이었다. 그래서 조용히 하라며 호통을 쳐서 두 장애인의 입을 다물게 했다(마 20장 31절). 예루살렘까지 아직 남은 길을 가야하는 무리들에게는 길가에 앉은 장애인들의 문제를 들어줄 만한 마음의 여유도 없었고, 해결해줄 수 있는 능력은 더구나 없었다.

이러한 강요된 침묵은 화병과 우울증을 낳는다. 우울증을 앓고 있는 많은 여성들의 특징 가운데 하나는 '잠잠하다'는 것이다. 하고 싶은 말이 있어도 자신이 참아 버리고, 좀처럼 자기주장을 하지 않는다는 것이다. 그것이 강요된 것일 때도 있지만, 다른 한편으로 모성애로,

혹은 가정의 평화를 위해 스스로 입을 다물어버린 경우도 많다. 아마 그 무리들은 자신들이 두 시각장애인에게 장애보다 더 가혹한 희생을 요구하고 있는 줄도 몰랐을 것이다.

하지만 그 두 장애인은 놀라운 의지를 가진 사람들이었다. 그들의 영혼과 마음은 생각보다 건강했다. 왜냐하면 자신들의 목소리를 조금도 낮추지 않았기 때문이다. 훨씬 수가 많은 무리들이 꾸중하는 소리에도 전혀 흔들리지 않았다. 외려 더욱 큰 소리로 예수님을 향하여 똑같이 외쳤다.

"다윗의 자손이신 주님, 우리를 불쌍히 여겨 주십시오!"

어쩌면 무리의 사람들은 장애인들에게 늘 그래왔을 것이다. 기껏해야 적선의 대상으로 여겼을 뿐, 그 장애인들의 진정한 소원과 마음속의 깊은 고통에 대해서는 아랑

곳하지 않았을 것이다. 그저 자기들이 가는 길의 방해꾼으로 여겼고, 그들을 조용하도록 만들거나, 빨리 지나쳐서 잊어버리기만을 바랐을 것이다. 그 무리들에게 장애인이란 곧 침묵시켜야 할 객체, 시야에서 빨리 사라지면 좋을 장애물에 불과했다.

하지만 예수님께서는 그 두 장애인들이 객체가 아닌 주체였다. 그것은 곧 예수님의 태도와 질문에서 선명하게 나타난다. 예수님께서는 바삐 가시던 걸음을 멈추셨다. 십자가에 대한 생각으로 심히 고민하셨을 시간이었다. 하지만 예수님께서는 그들을 부르셨고, 그 두 장애인은 예수님 앞으로 초청되었다. 그리고 이어서 예수님께서 물으셨다.

"너희 소원이 무엇이냐?"

예수님께서 모르셨을까? 그들이 원하는 것이 무엇인

지 진정으로 모르셨을까? 결코 그렇지 않았다. 왜냐하면 예수님께서는 하나님의 아들이시기 때문이다. 예수님께서는 그 장애인들의 사정을 아셨다. 그러나 예수님께서는 두 장애인에게 그들을 위해 무엇을 해주기를 원하는지 직접 물어보셨다. 자신들의 입으로, 자신들의 소원을, 그 많은 사람들 앞에서 직접 말하도록 기회를 주셨다.

고통을 겪는 사람에게는 누군가에게 자신의 사정을 직접 이야기하는 것이 다른 무엇보다도 큰 위로가 된다. 젊은 시절 시력을 잃은 어느 연예인은, 동료 장애인들이 자신의 사정을 다른 사람들에게 이야기하려 노력해야 한다고 주장한다. 가만히 있으면 아무도 그들의 불편을 알아주지 않기 때문이다. 자신들이 아프고 불편한 장애를 갖고 있다는 것을 애써 사람들에게 말하여 알려야 한다는 것이다. 그래야 마음에 용기도 생기고, 또 비장애인들과 서로의 사정에 관해 더 많이 소통할 수 있기 때문이란다.

두 장애인에게 질문하시고 그들의 이야기를 경청하시

는 예수님을 볼 때, 그분께서 긍휼하신 하나님의 아들이심을 알 수 있다. 장애인 자신들이 스스로 주체로서 자신들의 마음에 담은 소원을 자기 입으로 말하게 하신 것이다. 예수님 앞에서 그 두 사람은 주체가 되었다. 이스라엘의 왕이신 예수님의 귀에 자신들의 목소리로 자신들의 사정을 아뢰었다. 예수님께서는 억눌리고 답답한 그들의 말문이 열리도록 기회를 주신 것이다.

"주님, 눈을 뜨는 것입니다."

그들의 요청을 들으신 예수님께서는 지체하지 않으시고 즉각 실행하셨다. 곧 그 자리에서 그들의 눈을 만져 고쳐주셨다. 불쌍히 여겨 그들의 눈을 만지셨고, 그들의 눈은 즉시 치료되었다. 그래서 그 두 장애인은 더 이상 길가에 앉아있는 걸인이 아니게 되었고, 예수님을 따라 예루살렘으로 동행하는 제자가 되었다. 정말 놀라운 일이 아닐 수 없다.

그것보다 더 놀라운 것은 예수님께서 사람들의 마음에 반응하시는 것이다. 왜냐하면 그들의 눈을 치료해주시기 전에 예수님께서는 먼저 마음을 치료해주시는 메시아이셨기 때문이다. 예수님께서는 성부 하나님께서 성령과 능력을 부어주신 분이시다(행 10장 38절). 성령님으로 충만하셨던 예수님께서 두루 다니시며 선한 일을 행하셨을 때, 그분께서 무엇보다도 먼저 치료해주신 것은 사람들의 마음이었다. 바로 마음을 치료해주기 위해 오신 메시아, 하나님의 아들이시기 때문이었다. "주님께서 나에게 기름을 부으시니, 주 하나님의 영이 나에게 임하셨다. 주님께서 나를 보내셔서, 가난한 사람들에게 기쁜 소식을 전하고, 상한 마음을 싸매어 주고……." (사 61장 1절)

이 두 장애인은 예수님을 움직이는 암호를 알고 있었다. 바로 긍휼의 코드였다. "주님, 우리를 불쌍히 여겨 주십시오!" 그 짧은 말이 전부였다. 하지만 그들은 그 암호를 정확하게 알고 있었고, 그것이 하나님의 아들이신 예수님의 긍휼과 치료를 불러왔다. 십자가의 길을 올라가시는 예수님께서는 그 다급하고 초조한 중에도 변함없이 멈추어 서시고, 이야기를 들어주시고, 마음속에서 깊은 긍휼을 느끼시고, 그 두 장애인을 치료해주셨다. 그분께서는 참으로 하나님의 아들, 우리의 구세주이시다.

제1부
예수님의 심장

제1장 긍휼(矜恤)

마가복음 8장 1~13절

예수님의 모든 기적은 긍휼에서 시작된다. 긍휼이 없는 기적은 사탄의 것이다. 사탄은 처음부터 우리 주님을 유혹하여, 긍휼의 마음이 없이 자기 자신을 위해 돌로 떡을 만들고 성전에서 뛰어내리라 하였다. 그리고 마지막에는 고난을 받으며 죽어가는 십자가에서 자신을 구원하라고 유혹하였다.

  그러나 예수님께서는 자신을 구하기 위해 기적을 행한 적이 없으셨다. 긍휼 없이 다른 사람에게 기적을 과시한 적도 없으셨다. 우리에게 정말 기적이 필요하다면, 우리는 주님께 긍휼을 먼저 구해야 하나, 주님의 기적은 오직 주님의 긍휼이 움직일 때 나타났다.

1. 예수님의 혈액형은 C형

예수님의 몸에는 C형의 피가 흐른다. 그분의 모든 가르침과 치유와 회복의 기적은 긍휼(Compassion)로부터 나온 것이다. 성인 남자 4천 명을 포함하여 여자와 아이들까지, 일만 명이 넘는 사람들을 먹이신 마가복음 8장의 엄청난 기적 이야기의 출발점도 바로 예수 그리스도의 심장, 긍휼이었다. 먹을 것이 떨어져 배고픈 사람들의 무리를 보실 때, 먼저 예수님의 긍휼이 움직였다. 주님께서 제자들에게 말씀하셨다. "저 무리가 나와 함께 있은 지가 벌써 사흘이나 되었는데, 먹을 것이 없으니 가엾다."

긍휼이라는 단어의 구휼할 휼(恤)자는 마음 심 변(心)에 피 혈(血)자가 합쳐진 것이다. 즉 심장에 피가 흐른다면 남을 불쌍히 여기며 살아야 한다는 뜻이다. 주님과 사흘을 함께했던 사람들, 곧 남자, 여자, 노인, 아이들이 배고파할 때, 주님 속에서는 긍휼이 마른 들판의 불길처럼 솟구쳐 올랐던 것이다. 배고픈 사람들을 보면서 주님께서는 자연스레 "참 안됐다!"라고 느끼셨다. 보통 우리는 그들을 먹이신 주님의 능력에 놀라고, 그분께서 먹이신 사람들의 숫자에 놀란다. 하지만 그 모든 기적 이야기의 핵심은 주님의 긍휼, 주님의 심장, 곧 굶주려 기력이 쇠해가는 연약한 인간을 향한 주님의 솟구치는 사랑이다. 그분의 심장이 박동할 때 주님의 기적이 일어났다. 그분께서는 긍휼의 사람, 긍휼의 하나님이셨다.

매우 구체적이고 현실적인 몇 가지 사실을 아셨을 때 예수님의 심장이 뛰기 시작했다. "내가 그들을 굶은 채로 집으로 돌려보내면, 길에서 쓰러질 것이다. 더구나 그 가운데는 먼 데서 온 사람들도 있다." 첫째는 주님께서 그들이 주님과 사흘 동안 함께 있었음을 기억하신 것이다. 둘째로 먹을 음식이 없는 현실을 관찰하신 것이다. 셋째는 인간의 한계를 예측하셔서 이대로 두면 가는 길에 허기진 사람들이 쓰러질 수도 있다고 보신 것이다. 이 사실들을 아시자 주님의 가슴속에서 긍휼이 움직였다. 주님께서는 연이어 의지와 결심을 나타내신다. "이대로는 못 보내겠다!" 왜냐하면 이들이 집으로 돌아가는 길에서 쓰러질까 염려되셨기 때문이다(마 15장 32절). 불길처럼 일어난 긍휼이 의지와 행동과 기적으로 나타났다.

주님께서는 존재 자체로 긍휼 덩어리, 긍휼 공장이시다. 지금 우리의 모습을 보실 때도 마찬가지다. 굶주려 쓰러지려 할 때, 혹은 병이 들었을 때, 심장이 피를 뿜어내듯 주님의 긍휼이 생산되는 것이다. 이런 예수님의 긍휼은 우리 그리스도인들이 피상적으로 긍휼을 드러내는 것을 반성하게 한다. "내가 40일을 금식해봤는데, 3일 정도는 굶어도 끄떡없어!" 자신의 경험에 비추어 다른 사람의 어려움을 쉽사리 판단하는 습관, 다른 나라의 재난과 전쟁, 핍박과 순교의 뉴스를 들으면서도 아무런 느낌 없이, 기도 없이 지나쳐버리는 모습, 이웃의 재난을 보면서 "벌 받아서 그래!"라고 쉽게 단정해버리고 자신과는 무관하다며 금방 잊어버리는 것들이다. 이렇게 우리가 피상적으로 긍휼을 드러낼 뿐 실제로는 이웃의 고통에 무감각한 점은 반드시 교정되어야 한다.

예수님께서는 단 한 번도 굶주리거나 질병에 시달리는 사람을 가볍게 지나친 적이 없으셨다. 예수님께서 관찰하시고 예측하시고 결론을 내리신 과정은 특별했다. 언제나 주님의 가슴이 먼저 움직였고, 그것이 주님께서 능력을 나타내시는 것으로 이어졌다. 긍휼이 있어도 능력이 없으면 공허하고, 능력이 있어도 긍휼이 없으면 폭군인데, 예수님께서는 긍휼과 능력을 모두 가진 하나님의 아들이셨다.

예수님께서는 떡 일곱 개와 물고기 두 마리로 남자 4천 명, 여자와 아이들까지 합하면 만 명이 넘는 사람들에게 먹을 것을 나누어 주는 긍휼을 베푸셨다. 그것은 하늘의 풍성한 잔치였다. 그리하여 사람들이 배불리 먹었으며, 남은 부스러기를 주워 모으니, 일곱 광주리에 가득 찼다. 그 기적의 결과는 모든 사람들이 안심과 평안을 얻는 것이었다. 배가 불러 만족하여 기쁘고, 또 길에서 지쳐 쓰러질까 불안했던 마음이 사라지고 편안히 집으로 돌아갈 수 있었다.

2. 긍휼 없는 기적

예수님께서 4천 명을 먹이는 기적을 베푸신 직후에, 바리새인들은 예수님께 하늘로부터 오는 표징을 구하였다. 바리새인들과 사두개인들은 평소에 교리적인 이유로 전혀 함께 어울리지 않던 사람들이다. 그런데 주님을 힐난하고 시험하는 데는 이들이 하나가 되었다. 더구나 4천 명을 먹인 기적의 빵이 아직 식지도 않았을 것 같은 시간에 이들은 또 다른 기적을 보여달라고 요청하였다.

이때 예수님의 마음 깊은 곳에서 요동이 일어났다. 그것은 마음이 괴로워서 요동하는 것이었다. 예수께서는 마음 속으로 깊이 탄식하시고서 말씀하셨다. "어찌하여 이 세대가 표징을 요구하는가! 내가 진정으로 너희에게 말한다. 이 세대는 아무 표징도 받지 못할 것이다."(막 8장 12절) 그들의 요청은 주님의 마음을 답답하게 하였다. 주님을 탄식하게 했고, 주님을 슬프게 했다. 바로 얼마 전에 주님께서 이 엄청난 능력의 사역으로 긍휼을 베푸셨는데, 그들은 또 다른 뭔가를 다시 보여달라고 한다. 지금까지 예수님께서 행하셨던 기적으로는 못 믿겠다고 한다.

그들은 근본적으로 예수님을 믿지 않았다. 예수님의 위대함을 시기하며 배척했다. 그들이 기적을 요청한 것은 고통스러워하는 사람을 구해달라는 선의에서가 아니라, 엘리트 지도자였던 자신들 몇몇의 호기심을 만족시키기 위하여, 혹은 예수님을 망신시키기 위하여 요청한 것이었다. 그들은 주님께 긍휼 없는 기적을 요청하였다. 그것은 단순히 기적을 하나 보여달라는 것 이상의 의미가 담긴 행동이었다. 그들은 기적을 행하는 것을 오락거리로, 혹은 지적인 승부로 착각하였다. 사람을 사랑하고 살리는 데 쓰여야 할 기적의 능력을 오해하고, 주님께서 어떤 분이신지를 혼란스럽게 만드는 요청이었다.

그러나 주님께서는 겨우 자기 자신을 변명하기 위해 기적을 행하는 분이 아니셨다. 기적은 오직 긍휼에서만 나올 수 있는 하나님의 능력이기 때문이다. 주님께서는 깊이 탄식하셨다. 주님께서는 긍휼이 없는 기적을 결코 행한 적이 없으셨다. 주님의 기적은 그 어떤 것이건 사람들에게 능력을 과시해 보이기 위한 것이 아니다.

사탄은 처음부터 주님을 시험하여 하나님의 아들로서 돌로 떡을 만들고 높은 성전 꼭대기에서 뛰어내려 자신의 존재를 입증하라고 했지만, 주님께서는 모두 거절하셨다. 주님께서는 자신의 능력이 얼마나 큰지 보여주려고 기적을 행한 적이 단 한 번도 없으셨다. 단 한 번도 긍휼 없는 기적으로 자신을 과시한 적이 없으셨다. 그러나 사람들은 심지어 주님께서 십자가에 달려계신 동안에도 주님을 시험하였다. "그가 남은 구원하였으나, 자기는 구원하지 못하는가 보다! 그가 이스라엘 왕이시니, 지금 십자가에서 내려오시라지! 그러면 우리가 그를 믿을 터인데!"(마 27장 42절) 그것은 곧 사탄의 시험이었다.

예수님의 기적은 하나님의 아들로서 인간을 긍휼히 여기는 것에서 시작되었다. 오직 그분의 뜨거운 심장으로 말미암아 그 모든 기적이 시작되었다. 그러므로 주님의 긍휼이 드러나지 않는 기적은 그 어떤 것이든 사탄의 것이다. 많은 사람들이, 심지어 기독교인들조차도 흔히 로또 한 방의 기적을 꿈꾼다. 심지어 십일조와 감사헌금, 선교헌금을 미리 작정하기까지 하면서 로또에 당첨되게 해달라고 기도한다.

돼지꿈을 꾸고 로또를 사러 가게에 들어가는 것은 긍휼 없는 기적을 기대하는 것이다. 그런 기적에는 사랑도 없고, 소망도 없다. 긍휼 없는 기적을 위해 기도하는 것은 가치가 없다. 바리새인들과 사두개인들은 한 방의 기적에 놀라기를 원했다. 그러나 그것은 예수 그리스도를 잘못 알고 있는 것이었다. 심지어 예수님의 제자들조차도 예수님께서 한 방에 원수들을 물리치심으로써 자기들이 높은 자리에 앉게 되기를 원했다. 그러나 예수님께서는 스타가 되고 성공할 수 있는 그런 기회들을 지독스럽게도 다 물리치셨다. 사람들이 예수님의 기적을 보고 예수님을 억지로 왕으로 삼으려 하였을 때, 주님께서는 혼자 산으로 가셨다.

도대체 뭐가 잘못된 걸까? 온 이스라엘이 다윗의 자손, 유대인들의 왕, 로마를 물리치고 백성들을 가난에서 구제할 구세주를 그렇게 고대하고 있는데, 주님께서는 그들의 세속적인 기대를 철저하게 외면하셨다. 이상하게도 그들을 열광시키는 기적을 행하신 이후에 외려 산으로, 호수 건너편으로 가서서 더 깊이 숨으셨다.

주님의 그 모든 기적의 목적은 하나, 곧 긍휼이었다. 우리 인생들을 불쌍히 여기시는 하나님의 긍휼을 드러내는 것, 그 자체가 모든 기적의 목적이었다. 긍휼 때문에 십자가까지 지셨다. 우리에게 정말 주님의 기적이 필요하다면, 먼저 주님의 자비와 긍휼을 구해야 한다. 주님의 긍휼이 없이 주어지는 기적은 결코 축복이 아니다.

복음서에서 주님께서 기적으로 긍휼을 나타내시는 과정을 보면, 대개 두 가지의 형태가 나타난다. 일단 예수님께서 먼저 보시고 불쌍히 여기신 경우들이 있었다. 예를 들어, 예수님께서는 외아들을 잃은 나인성 과부를 보시고 불쌍히 여기셔서 그 아들을 살려주셨다. 또 여러 고을에서 예수님을 따라 나온 병약한 사람들을 보시고 불쌍히 여기셔서 치료해주셨다.

또는 사람들이 스스로 나와 주님 앞에서 긍휼과 자비를 구하는 경우들이 있었다. 소경 바디매오는 간청하며 주님께 나와 치료를 받았다. "다윗의 자손 예수님, 나를 불쌍히 여겨 주십시오."(막 10장 47절) 한 가나안 여자는 예수님을 향해 이렇게 외치고 긍휼을 얻어 딸이 치료를 받았다. "다윗의 자손이신 주님, 나를 불쌍히 여겨 주십시오."(마 15장 22절) 그 어떤 경우든 주님의 긍휼을 입은 자들이 빈손으로 돌아가는 법은 없었다. "주님, 나를 불쌍히 여겨주십시오!"라고 간절히 외칠 때, 우리는 어쩌면 주님께서 이렇게 속삭이시는 것을 들을 수 있을 것이다.

> 네 아파하는 마음을
> 내가 당장 편안하게 해줄 수는 없단다.
> 그 고통을 성급하게 없애줄 수도 없단다.
> 하지만 내게 허락해주겠니?
> 내가 여기 있어서 너의 손을 잡아주고
> 오늘 너와 함께 걸을 수 있도록
> 네가 말을 해야 할 때
> 나는 경청할 거야!

네 눈물은 내가 닦아주마
네 슬픔이 잦아들면
네게 미소 짓는 법을 가르쳐줄게!
- 알리사, '긍휼의 마음'(저자 번역)

인생의 고난 가운데 있는 사람이라면 누구든, 어디서든 이렇게 외쳐야 한다. "주님, 나를 불쌍히 여겨주십시오!" 주님께서 보고 계시지 않으시다면, 우리를 주목해주실 때까지 외치고 또 외쳐야 한다. 그분의 마음에 긍휼의 불꽃이 일어나기까지! 주님께서는 한 연약한 자의 이 작은 요청을 결코 외면할 수 없으시다. 주님의 기적은 이런 사람들을 위해 언제라도 준비된 것이다. 예수님의 심장은 지금도 다른 사람들이 외면하는 삶의 한쪽 구석에서 "주님, 나를 불쌍히 여겨주십시오!"라고 외치는 한 사람으로 말미암아 뛰고 있다.

예수님의 성품 1

　예수님의 혈액형은 긍휼(compassion)의 C형이다. 그분의 삶은 긍휼 그 자체였다. 배고픈 무리를 불쌍히 여기셨고, 그들이 먼 길을 가다가 쓰러질까 걱정하셨다. 지금도 우리 주님의 마음은 병들거나 외로워 살아가기가 두렵고 고달픈 사람들에게 가있다. 주님께서 불쌍히 여기시면 어떤 기적이라도 행하지 못할 것이 없으시다. 그분의 심장은 곧 긍휼이다.

제2장 영혼을 어루만지다

요한복음 4장 13~26절

우리는 요한복음에서 예수님께서 특이하게 말씀하시는 바람에 사람들과 소통이 잘 되지 않는 광경을 가끔 목격한다. 요한복음 3장에서 사람이 거듭나야 한다는 예수님의 말씀에, 니고데모는 이미 나이를 먹은 사람이 어떻게 어머니 뱃속으로 다시 들어갔다 날 수 있는지 물었다. 요한복음 6장에서는 예수님께서 유대인들에게 "나는 하늘에서 내려온 살아 있는 빵이다. 이 빵을 먹는 사람은 누구나 영원히 살 것이다. 내가 줄 빵은 나의 살이다. 그것은 세상에 생명을 준다."라고 말씀하셨을 때, 유대인들은 "이 사람이 어떻게 우리에게 자기 살을 먹으라고 줄 수 있을까?"라고 반응했다(요 6장 51, 52절).

요한복음 4장에서도 마찬가지다. 예수님께서 우물가에서 만난 사마리아 여인에게 말씀하셨다. "내가 주는 물을 마시는 사람은, 영원히 목마르지 아니할 것이다." 그러자 그녀는 이렇게 말한다. "선생님, 그 물을 나에게 주셔서, 내가 목마르지도 않고, 또 물을 길으러 여기까지 나오지도 않게 해주십시오." 그녀는 아마도 오늘날 가정에 있는 수돗물을 생각했을지도 모른다. 예수님께서는 참 답답하셨을 것이다.

그런데 이렇게 앞뒤가 맞지 않아 보이는 몇 마디 대화가 오고 간 후에 놀라운 일이 일어났다. 그 사마리아 여인이 물동이를 버려두고 동네로 들어가서, 사람들에게 이렇게 외치게 된 것이다! "와서 보십시오. 그분이 그리스도가 아닐까요?" 이어서 그 동네 사람들까지 고백하게 되었다. "우리가 믿는 것은, 이제 당신의 말 때문만은 아니오. 우리가 그 말씀을 직접 들어보고, 이분이 참으로 세상의 구주이심을 알았기 때문이오."

어떻게 이런 변화가 생길 수 있었을까? 그 이유는 이 여인이 예수님과의 대화 속에서 영생에 이르게 하는 생수의 맛을 보았기 때문이다! 이렇게 일관성 없어 보이는 대화 속에서 예수님께서는 그녀의 영혼을 어루만지셨다. 그녀는 인간으로서 최고로 존중받는 일을 경험하였다.

예수님께서는 다른 사람들로부터 소외당하고 멸시받는 사람들을 최상의 인격으로 존중해주신다. 주님께서 존중해주시고 긍휼히 여겨주시는 것은 세상 어디서도 맛볼 수 없는 영생의 샘물이다. 우물가에서 예수님을 만난 사마리아 여인이 동네에 들어가서 그리스도께서 오셨다 외쳤던 것은, 그리스도의 샘물을 맛보았기 때문이었다.

1. 우물가의 생수 세일

생수 이야기를 하시던 주님께서 문득 그 여인에게 "가서 네 남편을 불러오라."라고 말씀하셨다. 어쩌면 그것은 그녀의 가장 큰 약점, 그녀의 아킬레스건이었을 것이다. 그녀의 탐욕 때문이든 아니면 남자편력과 같은 정신적인 관계의 중독 때문이든, 그녀는 남편이었던 사람이 다섯 명이나 되는 과거가 있었다. 그 결과 이웃들에게 외면당하고 사회적으로 소외당하는 고통스러운 삶이 이어졌다.

예수님께서 그녀를 만나신 시간은 당시에 시각을 표시하던 방식으로는 여섯 시, 오늘날의 시간으로 정오였다. 당시에는 우물을 금과 같이 보배롭게 여겼다. 창세기에서는 해 지는 저녁이 여인들이 물을 길러 나오는 때라 하였고, 우물은 당시 여성들이 교제하는 사회적 장소였다. 여성들이 함께 모여 담소를 나누고, 마을의 소식을 주고받는 중요한 장소였다.

그러나 이 여인에게만은 예외였다. 그녀는 물을 길러 오는 것이 싫었다. 왜냐하면 그녀가 우물가에 왔을 때는 늘 혼자였기 때문이다. 그것도 정오 대낮에, 예수님께서도 피곤하셔서 그대로 주저앉으신 시간에, 그 여인은 우물가에 혼자 나와있었다. 그녀가 겪는 사회적 소외를 짐작할 수 있는 대목이다.

처음 자기 앞에 나타난 예수님의 모습에 그녀는 짜증을 냈다. "선생님은 유대 사람인데, 어떻게 사마리아 여자인 나에게 물을 달라고 하십니까?" 우선 그녀는 예수님께서 외형상 사마리아 사람들과 상종하지 않는 유대인이라는 데서 거부감을 느끼고 있었고, 둘째는 '남자'라는 것이 더욱 부담스러웠다. 물론 그녀가 짜증을 낸 것은 예수님 때문이기 이전에, 그 뜨거운 대낮에 동네 사람들과 소외되어 혼자 물을 길어야 하는 자기의 신세 때문이었다. 그리고 여섯 번째 남자와 함께 살고 있지만 채워지지 않는 삶의 갈증이 짜증을 불러일으킨 것이었다.

제 I 부 예수님의 심장

그러므로 예수님께서는 정작 생수가 필요한 사람은 그 여인 자신이라는 사실을 잘 알고 계셨다. 그리고 그 생수는 남편의 문제를 해결하지 않고서는 맛볼 수 없다는 사실도 아셨다. 그 여인의 집에는 정말로 생수가 나오는 수도가 필요했다. 마르지 않는 생수가 필요했고, 마술을 해서라도, 혹은 기적을 일으켜서라도 그녀는 그것을 갖길 원했다.

우물이 그녀에게서 사회적 의미를 상실했을 때, 즉 이웃 사람들과 관계를 맺지 못하고 있을 때, 그녀는 물을 길으러 오기가 싫었다. 그저 자기만의 우물을 원했다. 그녀는 이웃과 관계가 회복되는 일이 어쩌면 '평생' 불가능하다는 것을 알고 있었다. 그저 바라는 것은 먹을 물뿐이었다. "선생님, 그 물을 나에게 주셔서, 내가 목마르지도 않고, 또 물을 길으러 여기까지 나오지도 않게 해 주십시오." 마을에서 함께 사는 이웃들이 있었지만, 그녀는 평생 결코 그 공동체의 일원이 될 수 없었다. 유대인들은 사마리아인들을 배척했는데, 그녀는 사마리아인들 사이에서도 배척당하는 외로운 여인이었다. 사람이 그리워도, 친구가 그리워도, 누구 하나 자신을 받아주는 사람이 없는 그녀는 언제나 변함없이 혼자였다. 고쳐 쓸 수 없는 자신의 이력 때문에 어떤 이웃과도 좋은 관계를 맺는 것이 불가능했다.

하나님의 아들로서 이미 그녀를 잘 아시는 예수님께서 그녀에게 지시하셨다. "가서, 네 남편을 불러 오너라." 그녀는 들켜버린 자신의 수치로 말미암아 뒷걸음질을 친다. "나에게는 남편이 없습니다." 그녀는 이 낯선 유대인이 자기 삶의 중심에 들어오는 것을 거부하였다. 더구나 자신의 수치스러운 삶을 들켜버렸다는 수치심에, 반사적으로 그 자리에서 벗어나려 하였다. 그녀는 마치 부상당한 야생 기러기와 같았다. 자신을 치료해주려 한다는 것을 모르고 그저 덫에 걸리자 죽을 것 같은 두려움에 이리저리 퍼덕이고 있었다.

그러나 예수님께서는 상처 입은 그 영혼을 어떻게 치료해야 할지 아셨다. 예수님께서는 마치 "물 사세요, 물! 영생의 물을 사세요!" 하고 외치는 사람과 같으시다. 우물가로 오고 또 와도 여전히 목이 마른 사람들,

그들이 모이는 이 우물가에서 예수님께서는 지금도 영혼을 치료하는 생수를 팔고 계신다.

2. 팔로워(follower) 예수님

우리는 예수님을 늘 목자라 부르지만, 적어도 이 여인과의 대화에서는 예수님께서 팔로워시다. 주님께서 그녀가 하는 말을 따라가시며 대화하고 계신다. 그것은 예수님께서 이 여인을 치료하기 위해 선택하신 가장 인격적인 방법이었다. 오늘날의 모든 상담학적 지식을 동원해볼 때도, 예수님께서는 가장 성숙한 태도로 그 여인을 받아주고 계신다.

그녀는 남편이 없다며 뒷걸음질을 쳤다. 그러나 예수님께서는 "어디 거짓말을 하고 있어?" 하는 식으로 다그치지 않으셨다. 그 대신 그녀의 말이 옳다고 고개를 끄덕여 인정해주셨다. "남편이 없다고 한 말이 옳다. 너에게는 남편이 다섯이나 있었고, 지금 같이 살고 있는 남자도 네 남편이 아니니, 바로 말하였다." 그녀는 아마도 더 이상 날개를 퍼덕일 수도 없을 만큼 그물이 조여들고 있음을 느꼈을 것이다. 그러나 주님께서는 그녀를 질식시키지 않으셨다. 외려 부드럽게 어루만지셨다. 두 번씩이나 그녀의 말이 옳다고 말씀하시면서 그녀의 심정을 헤아려주시고, 숨 쉴 공간을 주셨다.

그러나 당황한 그녀는 황급히 예수님의 그 전지하신 손에서 벗어나려 한다. "선생님, 내가 보니, 선생님은 예언자이십니다. 우리 조상은 이 산에서 예배를 드렸는데, 선생님네 사람들은 예배드려야 할 곳이 예루살렘에 있다고 합니다." 뜬금없이 웬 예배? 그것은 갑작스럽고 당황스러운 상황에서 벗어나려는 절박한 마음에서 나온 회피 동작이었다. 마치 인간의 손길에 익숙하지 않은 기러기가 자신을 치료하려는 수의사의 손길을 피해 벗어나려고 날갯짓을 하는 것과 같다.

놀라운 것은 예수님의 반응이다. 예수님께서는 그녀를 있는 그대로 받아주셨다. 그리고 그녀의 말을 따라 대화를 이어가신다. 주님께서는 리더가 아니라 팔로워셨다. 그녀가 예배에 관해 질문하여 그 뒤로 숨어버릴 때, 예수님께서는 그것을 아시면서도 아주 진지한 태도로 그 질문을 받아주셨다. 그녀의 도덕성을 의심하거나, 가치 없는 인생을 살았다고 평가하지 않으셨다. 혹은 왜 거짓말을 하느냐고 책망하지도 않으셨다. 그 대신 지혜이신 하나님의 아들께서는 그 여인에게 예배에 관한 최고의 가르침을 선사해주셨다. "아버지께서는 이렇게 예배를 드리는 사람들을 찾으신다. 그러므로 하나님께 예배를 드리는 사람은 영과 진리로 예배를 드려야 한다." 세상의 어떤 예배학자도 이 말씀을 빼놓고 예배에 대하여 논할 수는 없을 것이다. 예수님께서는 그 여인의 질문에 최고의 대답을 해주셨다.

그런데 여기서 질문 하나가 생긴다. 과연 이 여인은 예배에 대한 예수님의 대답을 이해했을까? 그렇지 않다. 그녀는 그 깊은 뜻을 다 이해하지 못한 것이 분명하다. 왜냐하면 그녀가 달려가 동네 사람들에게 예수님을 증언할 때, 예수님을 예배학의 권위자로 소개하고 있지는 않기 때문이다. 그녀는 물동이를 버려두고 동네로 들어가서 사람들에게 말하였다. "내가 한 일을 모두 알아맞히신 분이 계십니다. 와서 보십시오. 그분이 그리스도가 아닐까요?"

그녀는 예수님께서 자신을 아셨다는 단순한 사실 하나만을 부각시켰다. 그것은 사람들을 놀라게 하기에 충분했다. 그래서 사람들이 모여들었다. 그런데 여기에서 그녀가 빠뜨린 말 한마디가 있다. "내가 행한 모든 일을 알고도 나를 가장 존중해준 이 분을 와서 보세요. 그분께서는 나를 아시면서도, 나를 정죄하거나 나를 소외시키지 않으셨습니다. 이분께서는 나를 최고의 사람으로 존중해주셨습니다." 과연 그랬다. 예수님께서는 그녀를 최고로 존중해주셨다. 그녀가 신학적인 질문 아래 숨고자 할 때 숨겨주셨고, 다른 모든 사람들은 그녀를 소외시켰지만 예수님께서는 그녀의 존재를 있는 그대로 받아주셨다.

선지자 엘리야가 낙심해서 쓰러졌을 때 하나님께서는 천사를 보내셔서, 근심스럽고 우울한 마음으로 깊이 잠든 엘리야를 부드럽게 어루만지며 깨워주시고 음식을 먹게 해주셨다. 살아있는 사람 엘리야에게는 음식뿐만 아니라 어루만지는 손길이 필요했던 것이다. 천사는 그를 놀라게 하거나 흔들어 깨우지 않았다. 사마리아 우물가에서 우리 주님께서는 이 여인의 마음을 어루만져주셨다. 그 여인의 연약함과 부끄러움을 아시되 그녀를 수치심으로 몰아간 것이 아니라, 인격적으로 존중해주셔서 그녀의 아픈 상처를 어루만져주셨다. 주님께서는 우리의 마음을 따뜻하게 어루만져 움직이시되, 흔들어대거나 강요하지 않으신다. 예수님께서는 그녀의 연약함을 사랑과 치유와 구원을 얻는 기회로 만드셨다.

어느 노래 가사처럼, 이 세상에 우리 주님과 같은 분은 없다. 예수님께서는 모습을 있는 그대로 비춰주는 거울과 같으셨고, 예수님의 목소리는 메아리와 같이 그녀의 말을 친절하게 되뇌었다. 그런 하나님의 아들을 만났을 때, 그녀는 영혼의 갈증을 해소하는 생수를 맛보았다. 그리고 물동이를 버려두고, 평생 만나기도 싫을 만큼 자기를 소외시켰던 사람들에게 달려가서 그리스도께서 오셨다고 외쳤다. 그녀는 이미 수천 년 동안 조상들과 조상들의 조상들이 날아다니던 자유로운 창공을 향해 힘차게 날갯짓을 하고 있었다.

예수님의 성품 2

우리 주님께서는 따뜻한 팔로워시다. 예수님께서는 우리를 언제나 인격적으로 존중해주신다. 지금 남편이 여섯 번째라는 경이로운 기록을 가진 여인도 예수님께로부터 매우 특별한 존중을 경험하였다. 그녀와 대화하실 때도 우리 주님께서는 투박하지 않고 매우 섬세하신 따뜻한 팔로워셨다. "(네) 말이 옳다……바로 말하였다." 이처럼 이상한 기록을 가진 여인조차 외면하거나 소외시키지 않으시고, 그녀를 따라 대화를 이어가셨다. 마침내 그 여인은 영원히 목마르지 않는 생수를 마음껏 마셨다.

제3장 심장을 내주다

누가복음 7장 11~17절

　예수님의 긍휼은 결코 헤매지 않는다. 눈앞에 많은 사람들이 있더라도, 예수님께서는 그 가운데 가장 고통스러운 한 사람을 바라보신다. 나인성의 그 슬픈 장례식 행렬에서 주님께서는 유독 한 사람, 가장 슬픈 한 사람에게 주목하셨다. 그리고 주님의 심장, 주님의 긍휼은 그 여성에게로 향했다.

　성경에 나오는 많은 장례식들 가운데 유독 눈에 띄는 슬픈 장례식이 있다면, 누가복음 7장에 등장하는 나인성의 장례식일 것이다. 예수님께서 가시는 길에 한 장례 행렬이 등장하는데, 그 장례식의 상주는 외아들을 잃은 과부 어머니였다! 어느 시대, 어느 사회를 막론하고 이런 사별의 아픔과 눈물이 없는 곳은 없지만, 다른 어떤 슬픔도 하나밖에 없는 청년 아들을 먼저 보내고 장례를 치르는 과부 어머니의 슬

품과 비교할 수 없었다. 정말 어쩌면 이런 일이 있을 수 있을까?

그렇지만 현실은 차갑고, 때로 냉정하다. 이 세상에는 눈물 없는 곳이 없고, 고민 없는 곳이 없다. 누가 감히 "나는 세상에서 최고로 문제없고 슬픔 없는 사람이야!"라고 말할 수 있을까? 눈물 앞에서, 그리고 죽음으로 말미암은 가족과의 이별 앞에서 우리 모두는 놀랍게도 평등하다. 아무리 대단한 가족들이 미국에, 유럽에 흩어져 있어도, 갑자기 찾아온 생각지 못한 어려움과 고통을 겪는 데는 거리가 상관이 없다. 기껏 거리라고 해봤자 전화 한 통화 거리 아닌가?

예수님께서 나인성 입구에서 만나신 이 장례식은 어쩌면 세상에서 가장 대면하기 민망한 장례식이었다. 홀어머니의 외아들, 그 아들이 마땅히 오래 살아서 늙은 어머니를 모시고 마지막 그 임종을 지켜봐야 하는데, 어머니가 그 청년 아들의 장례식 행렬을 따르고 있으니 말이다.

1. 사망이 생명을 대면했을 때

이 특별한 장례식을 위해서, 그 성의 많은 사람이 그 여자와 함께 따라오고 있었다. 장례식은 이별의 의식이다. 가족뿐만 아니라 그를 아는 모든 사람들이 함께 모여 죽은 자에 대한 기억을 되새기고, 이제는 지금까지 함께 나누던 삶에서 그를 떠나보내는 예식이 장례식이다. 그래서 그런지 전통적으로 장례 행렬에는 구경할 것도 많았다. 이전에 우리나라에서 장례에 상여가 나가는 것이 보통이던 때는, 장례 행렬의 많은 깃발들과 화려한 상여 때문에 사람들이 구경할 것도 많았다. 동네 아이들은 높은 대막대기에 달린 깃발을 들고 상여 앞에 서서 가면서 푼돈의 일당을 받기도 했다.

장례식들은 왜 그렇게 화려했을까? 사람들은 왜 그렇게 몰려들었을까? 죽은 자에게 미안한 마음을 그렇게 달래는 것이었을까? 아니면 앞으로 자신이 따라가야 할 길을 미리 보며 마음에 새기고, 죽은 후의 자신의 모습과 사람들의 모습을 그려보는 것일까? 인생의 마지막에 받고 싶은 주목과 존중을 상상해보는 것일까?

나인성은 산기슭에 자리하고 있어서 성 밖으로 나가는 길이 내리막이다. 장례식의 행렬이 성 밖을 지나 언덕 아래로 내려갈 때, 반대편에서 성으로 올라오는 큰 무리를 만났다. 그 뒤에 곧 예수께서 나인이라는 성읍으로 가시게 되었는데, 제자들과 큰 무리가 그와 동행하였다. 비록 로마의 식민지로 살아가던 가난하고 힘든 시대였지만, 그 많은 사람들은 주님을 만나 은혜와 기쁨 가운데 동행하고 있었다. 예수님을 따르던 그들에게 이날은 즐거운 날이었다. 소망과 생명과 말씀으로 즐거운 날이었다. 서로가 하고 싶은 이야기도 많았다. 하나님께서 예수님의 손으로 행하신 일들을 서로 이야기하며 행복하였고, 또 앞으로 어떤 일을 하실지 기대하며 즐거웠다.

그런 그들이 성 안에서부터 나오는 큰 장례식의 행렬과 마주쳤다. 그 장례식의 사연을 들은 사람들은 한결

같이 숙연해졌다. 이 기가 막힌 장례식 이야기는 예수님을 따르던 무리들에게도 순식간에 퍼졌고, 예수님을 따르며 즐겁게 담소를 나누던 무리들의 마음과 마음 위에 납덩이 같은 절망을 얹어놓았다. 죽음의 그늘이 순식간에 전염되었고, 주님을 따르던 사람들의 기대와 기쁨의 열기에 찬물을 끼얹은 것같이 되었다. 그 안타까운 장례식 앞에서 그 많은 무리들이 일순간에 조용하고 잠잠해졌다. 서로 다른 두 무리가 만나는 순간, 순식간에 한 덩어리가 되어 숙연해졌다. 같은 시대, 같은 공간을 살면서 함께 호흡하던 낯선 한 사람이 생명을 잃었다는 사실, 그리고 이를 애도하는 사람들의 행렬과의 만남은 일상의 명랑한 대화를 멈추게 하기 충분했다.

그러나 그 순간은 이 죽음의 행렬이 생명과 마주친 순간이기도 했다. 모두가 죽음을 응시하며 슬픔에 잠겨 있는 이 엄숙하고 긴 장례 행렬을 만났을 때, 생명의 주인이신 우리 주님께서는 딱 한곳을 바라보셨다. 예수님의 마음과 시선은 눈을 어지럽히는 장례 행렬의 화려한 외관에도 헤매지 않았다. 그분의 시야와 마음은 딱 한 사람으로 가득 찼다. 그 장례 행렬에서 가장 마음이 슬픈 한 사람, 가장 깊은 신음을 안고 있는 바로 그 사람! 주님께서 그 여자를 보시고, 가엾게 여기셔서 말씀하셨다. "울지 말아라."

주님께서는 장례식에 사람들이 얼마나 모였나 구경하지 않으셨다. 뭔가 알고 싶어서 서성거리지도 않으셨다. 그 대신 주님께서는 그 순간에 인생의 가장 깊은 절망을 겪고 있는, 홀로 사망의 음침하고 무시무시한 골짜기를 지나가고 있는 듯한 바로 그 과부를 보고 계셨다. 그리고 그 마음의 아픔을 헤아리고 계셨다.

2. 심장을 내주시다

주님의 마음은 그 과부 어머니의 마음과 같았다. 그녀의 슬픔을 함께 느끼고 계셨다. 그리고 아들을 잃고 슬퍼하는 그녀를 불쌍히 여기셨다. 불쌍히 여겼다는 말을 영어 성경은 "his heart went out to her"라고 표현한다(NIV). 직역하자면 주님의 심장이 그 여인에게로 나갔다는 것이다. 이것은 정말 간절한 마음으로 상대방을 생각할 때 쓰는 표현이다. 주님의 심장이 나갔다. 주님께서 심장을 내주셨다.

예수님께서는 외아들을 먼저 보내는 홀어머니의 고통스러운 마음을 한눈에 알아보셨고, 다른 무엇에 시선을 빼앗기지 않으시고 그 여인에게 다가가셨다. 심장 가득한 동정과 연민과 사랑 때문에 마음이 온통 그 여인에게 쏠렸던 것이다. 젊은이라는 것을 보면, 죽은 아들은 아직 결혼도 하지 않았을 것이다. 그렇다면 그의 어머니가 남편을 잃은 것이 혹 젊은 시절의 일이 아닐까? 아마도 둘째 아이를 갖기 전에 젊은 남편이 세상을 떠나버렸을 것이다. 남편이 죽었을 때는 그 아들을 부둥켜안고 울 수 있었을 것이다. 험한 세상에서의 앞날이 캄캄했지만, 의지할 아들, 죽은 남편과 자신을 닮은 작은 생명이 함께 있었다. 그러나 이제는 손을 잡고 울 사람조차 없다. 외톨이가 되어버린 삶의 비애다.

예수님께서는 그녀를 주목하여 보셨다. 아니, 그 많은 사람들 가운데 그 여인만 바라보셨다. 그리고 그 여인의 마음을 위로하셨다. "울지 말아라." 슬픔이 기가 막힐 정도로 극심해지면 오히려 눈물이 그친다. 처음에는 눈물을 쏟아내던 장례식에서도, 시간이 지나가면 눈물이 그냥 말라버린다. 그런데 이 과부는 해도 해도 너무하게 가혹한 인생 역정을 어찌할 수 없었던가 보다. 이제 곧 아들을 묻어야 할 시간이 다가오는데도, 왜 그런지 눈물이 좀처럼 그치지 않았다. 이제 찬찬히 보내주어야 하는데, 이젠 아무 일도 아닌 것처럼 잊을 수 있어야 하는데, 말랐던 눈물자국 위에 다시 눈물이 흐르고, 흘러내린 눈물이 마르기도 전에 어디에서 샘솟는지 눈물이 다시 흘러나온다. 마치 머릿속이 눈물로 가득 찬 것 같다. 아들의 장례 행렬이 성 밖으로 나왔을 때에도 또 눈물이 흘렀고, 처음 예수님과 그분을 따르는 무리를 만났을 때도 눈물은 쉬지 않고 나왔다. 이 많은 낯선 사람들 앞에서 좀 멈추어줄 만한데도, 그것은 마음뿐이다.

그 가운데 한 낯선 젊은 남자가 다가와서 "울지 말아

라."라고 말을 할 때까지, 세상이 달라지고 있다는 것을 느끼지 못할 만큼 과부 어머니의 슬픔은 눈물로 온 세상을 적시고 있었다. 과부 어머니! 그녀에게 다가가서서 마르지 않는 눈물을 보시며 "울지 말아라!" 하셨을 때, 예수님께서는 누구의 모습을 떠올리셨을까? 얼마 지나지 않아 맏아들이 십자가 형틀에 달려 죽어가는 것을 보고 있게 될 과부 어머니, 마리아의 모습이 겹쳐 보이지는 않으셨을까? 아들인 예수님께서 십자가에서 수치와 고통으로 몸부림치는 것을 보며 차라리 자신이 대신 고통을 당하고 싶어 할 한 여인, 어머니를 떠올리셨을 것이다.

"어머니, 이 사람이 어머니의 아들입니다."(요 19장 26절) 그러나 예수님께서는 알고 계셨다. 나인성 과부는 그 슬픔에서 구해줄 수 있지만, 자신의 과부 어머니 마리아는 그 슬픔에서 구할 수 없다는 것을, 이 어머니는 살아난 아들을 돌려받을 것이지만, 골고다의 저주받은 나무 위에 달릴 자신의 어머니 마리아에게는 그런 긍휼이 허락되지 않는다는 것을 알고 계셨다. 그러나 주님의 긍휼은 여전히 흔들림이 없었다.

3. 죽음이 생명의 주님께 항복하던 날에

과부에게 울지 말라고 말씀하신 예수님께서는 그 말씀과 동시에 그녀의 곁에 있는 관으로 다가가셨다. 앞으로 나아가서, 관에 손을 대시니, 메고 가는 사람들이 멈추어 섰다. 관을 멘 사람들이 깜짝 놀라 행렬을 멈춰 섰다. '왜 저러지?' 장례 행렬 속에 있던 사람들과 예수님을 따르던 모든 사람들이 그분의 돌발적인 행동에 놀라 멈춰 서서 그분을 바라보았다.

'죽은 자의 관에 손을 대다니!' 예수님께서는 이제 부정한 사람이 되셨다. 죽은 자의 물건을 만진 것이니, 장례식에서 관을 든 자들과 함께 부정한 사람이 되셨다(민 19장 11, 12, 22절). 그 사실을 아실 텐데도 예수님께서는 관에 손을 대셨고, 행렬은 멈추었다. 그리고 주님의 목소리가 들려온다. 죽은 자를 부르시고, 죽은 자를 향해 명령하신다. "젊은이야, 내가 네게 말한다. 일어나라." 우리는 장례식에서 망자를 그리워하는 사람들의 조사를 많이 듣는다. 남은 자들을 위로하는 눈물 젖은 말들에도 익숙하다. 그런데 이건 무엇인가? 관을 만지시고, 죽은 자를 부르셨다.

그러자 혼이 다시 돌아와, 죽은 자가 꿈틀거리며 다시 일어났다. 그러자 죽은 사람이 일어나 앉아서, 말을 하기 시작하였다. 예수께서 그를 그 어머니에게 돌려주셨다. 레위기 11장을 보면, 죽은 새나 짐승을 만져도 부정하게 된다. 그래서 정결 예식을 치러야 한다. 죽음이라는 실존 앞에서 우리 살아있는 생명체들은 피동적일 수밖에 없다. 그리고 그 부정의 영향력은 일방적이다. 그러나 우리 주님이신 예수 그리스도께서는 죽음으로 말미암아 부정하게 되지 않으셨다. 오히려 죽음의 부정이 예수 그리스도로 말미암아 물러가고, 그 청년은 눈을 뜨고 일어났다. "어머니! 제가 죽었었어요? 이게 제 장례식이에요?" 다시 살아난 청년은 평소에 결코 할 수도 들을 수도 없는, 전혀 일상적이지 않은 이런 말들을 하지 않았을까?

"젊은이야, 내가 네게 말한다. 일어나라!" 죽은 자를 향해 이처럼 외치신 그분의 권세는 어디서 오는 걸까?

바로 예수님 스스로에게서 나온다! 죽은 자에게 명하실 때 그분께서는 자신의 권세를 사용하신다. "내가 너에게 명한다."(마 9장 25절) 그분께서는 하나님의 아들이시다. 생명이 그분에게서 나온다. 모든 것이 그로 말미암아 창조되었으니, 그가 없이 창조된 것은 하나도 없다. 창조된 것은 그에게서 생명을 얻었으니, 그 생명은 사람의 빛이었다.(요 1장 3, 4절)

죽음은 식성이 좋다. 뭐든지 걸리는 대로 삼킨다. 그래서 살아있는 모든 생명체는 죽음의 입을 두려워한다. 그러나 우리 주님께서는 죽음에게 산 자를 내놓으라고 명령할 수 있는 유일하신 하나님의 아들이시다. 울지 말라는 말만으로 그치지 않고 실제 삶의 소망을 줄 수 있는 유일한 분이셨다. 땅 끝에서 오는 극단의 소망, 그것은 오직 이 한 분께로부터 나온다. 그 소망은 우리가 죽은 후에도, 그리고 이 세상이 끝난 후에도 여전히 유효한 살아있는 소망이다. 그 소망은 영원히 멈추지 않는 그분의 심장, 그분의 긍휼하신 성품에서 생겨난다. 보좌 한가운데 계신 어린 양이 그들의 목자가 되셔서, 생명의 샘물로 그들을 인도하실 것이고, 하나님께서 그들의 눈에서 눈물을 말끔히 씻어 주실 것입니다.(계 7장 17절) "그들의 눈에서 모든 눈물을 닦아 주실 것이니, 다시는 죽음이 없고, 슬픔도 울부짖음도 고통도 없을 것이다. 이전 것들이 다 사라져 버렸기 때문이다."(계 21장 4절)

어떤 어부가 심해어를 건졌는데, 이 조그만 고기가 입이 크다고 덩치가 자기 몇 배나 되는 물고기를 삼켰다. 어떻게 됐을까? 당연히 배가 터져 죽었다! 언젠가 미국 플로리다에서 큰 뱀인 아나콘다가 새끼 악어를 삼켰다. 어떻게 됐을까? 삼킬 걸 삼켜야지, 결국 뱀은 배 안에서 꿈틀거리며 저항한 악어 때문에 몸의 절반이 뚝 끊어져서 죽었다. 죽음이 겁 없이 죄가 없는 생명의 주인이신 예수님을 꿀꺽 삼켰다. 어떻게 됐을까? 죽음은 배가 터지고, 예수님께서는 부활하여 나오셨다. 그리고 그 열린 길로, 우리 예수님 안에 있는 자들이 부활하여 뒤따라 나올 것이다! 예수님께서 부활의 첫 열매로서 열리신 후에는 성도들의 부활이 열매로 가지가 휘어지도록 열릴 것이다.

주님 안에 있는 소망은 땅 끝에서 오는 영원한 소망이다. 그 소망은 모든 나뭇잎이 떨어지는 늦가을에 단단히 무장을 하고 솟아나오는 목련 꽃봉오리와 같다. 새봄에 가장 깨끗하고 큰 꽃봉오리로 피어나기 위해, 단단히 준비하고 나와 꽁꽁 어는 겨울을 소망으로 맞이하는 것이다. 그것으로 우리는 한 해 일찍 미리 봄을 맞이한다.

월트 디즈니(Walt Disney)는 전 세계의 어린이를 위해 만화와 환상의 세계를 만들어냈다. 그러나 그에게는 작은 비밀 하나가 있었다. 그는 살아있는 동안 너무나 죽음이 두려워서, 다른 사람들의 장례식에도 참석하지 못했다. 그런 그는 미국 플로리다에 디즈니 월드(Disney World)를 만들던 도중 결국 완성을 보지 못하고, 자신의 형 로이(Roy Disney)에게 모든 일을 맡긴 채 세상을 떠났다. 두려움은 우리의 문제를 해결해주지 못한다. 더구나 죽음의 권세가 우리를 사로잡게 두어서는 결코 안 된다. 죽음의 권세, 죽음에 대한 두려움은 오직 예수님을 믿음으로써만 해결된다. 초상집에 가는 것이 잔칫집에 가는 것보다 더 낫다.(전 7장 2절) 예수 안에 있으면 죽음의 권세를 이길 수 있다. 초상집에 가는 것도 두렵지 않다.

예수님의 성품 3

　우리 주님께서 심장을 내주셨다. 결코 헤매지 않는 주님의 긍휼! 젊은 외아들의 장례식 행렬을 만났을 때 우리 주님께서는 그 가운데서 가장 슬픈 한 사람에게 주목하셨다. 그 사람만 주목하셨다. 주님께서 그 사람에게 심장을 내주셨다. 죽음의 권세는 일방적으로 산 자들에게 영향을 미친다. 그러나 예수님의 심장, 긍휼은 죽음의 권세를 깨트리고 그 청년을 살려냈다. "울지 말아라."라시는 주님의 따뜻한 긍휼은, 결코 텅 빈 위로가 아니었다. 주님의 분명한 위로가 죽은 아들을 살려내서, 세상에서 가장 슬퍼했던 과부 어머니에게 돌려주었다.

제4장 다시 이어진 미래

누가복음 8장 40~56절

우리에게는 미래가 필요하다. 그러나 미래로 가는 길은 언제나 방해를 받는다. 미래로 가는 길목에는 미래로 가는 다리를 끊어버릴 시한폭탄들이 많이도 달려있다. 실패, 사고, 질병, 죽음 등이 언제든 미래로 가는 우리들의 길을 끊어버릴 준비를 하고 있다. 예수님께서는 다리 건축가이시다. 낭떠러지에 선 인간이 미래로 갈 수 있도록 다리를 긍휼로 이어주신다. 땅 끝에서 소망을 노래하게 하시는 분이 바로 예수님이시다.

그분께서는 뒤끝이 있으시다. 그분의 뒤끝은 평안이다. 언제나 변함없이 그 뒤끝은 평안이다. 회당장 야이로의 열

두 살 된 딸이 죽어가고 있었고, 한 여인은 12년간 혈루증을 앓아왔다. 두 사람 모두 미래를 향해 12년을 달려와 막다른 곳에 이르렀다. 그래서 그들은 늘 동지처럼 복음서에서 같이 나온다. 그들의 공통점은 미래로 가는 길이 끊어졌다는 사실이었다. 미래가 끊어진 사람들, 내일 아침에 눈을 뜨기가 두려운 사람들이었다.

하나님의 아들 예수님께서 미래로 향하는 그들의 끊어진 시간을 이어주셨다. 미래를 이어주시고 마침내 주님의 평안, 곧 샬롬으로 그 길을 포장해주셨다.

1. 엎드린 사람들

오늘 본문에 등장하는 이 두 사람은 마태, 마가, 누가복음에서 항상 단짝으로 함께 등장한다. 이것 외의 또 다른 공통점은, 예수님 앞에 나와 엎드렸다는 것이다. 그 때에 야이로라는 사람이 왔다. 이 사람은 회당장이었다. 그가 예수의 발 앞에 엎드려서, 자기 집으로 가시자고 간청하였다……그 여자는 더 이상 숨길 수 없음을 알고서, 떨면서 나아와 예수께 엎드려서, 그에게 손을 댄 이유와 또 곧 낫게 된 경위를 모든 백성 앞에 알렸다.

이들이 엎드린 이유는 각각 다르다. 야이로는 자기 집에 와달라고, 그래서 죽어가는 딸을 제발 살려달라고 간구하였다. 그 여인은 아무도 몰래 예수님의 옷자락을 만져서 병을 치료받았지만, 이 사실을 숨기지 못하고 예수님께 발각되자 떨며 자기가 한 일의 사정을 아뢰면서 엎드렸다. 그러나 이들의 공통점은 공교롭게도 같은 날, 서로의 동선이 마주치는 자리에서, 그렇게 다르지 않은 시간에, 같은 주 예수님 앞에 엎드렸다는 것이다.

성경이 기록된 시대에만 해도 엎드리는 행동은 매우 중요한 의미를 담고 있었다. 요셉을 총리로 세우고 나서 애굽의 바로는 자기 병거에 버금가는 좋은 병거에 그를 태웠다. 무리들은 그의 앞을 호위하며 "엎드려라!"라고 소리를 질렀다(창 41장 43절). 요셉은 임금 다음가는 권력자가 되었던 것이다. 다니엘이 느부갓네살의 꿈을 해석하였을 때, 바벨론의 왕, 천하의 느부갓네살이 다니엘에게 엎드려 절하고 다니엘의 하나님을 찬양한다(단 2장 46, 47절). 누군가의 앞에 엎드린다고 하는 것은 나의 몸, 나의 생명, 나의 운명을 상대에게 종속시키고 상대방을 절대적으로 높이는 행위였다. 상대에게 내 생명을 공격할 권한, 결정할 권한을 주고, 급소를 노출시키고, 오직 상대방의 처분에 내 생명을 맡기는 것이다. "나의 몸, 내 생명, 내 운명과 미래는 당신의 것입니다."

회당장 야이로와 혈루증을 앓았던 여인은 예수님께 엎드린 사람들이었다. 자신들의 번민과 좌절과 애절함을 가지고 와서, 그분의 발 앞에 자신의 몸을 낮추고 겸손히 그분을 바라보았다. "나에게는 미래가 없습니다. 자비를 베풀어주십시오."

2. 아버지 야이로

그는 아버지였다. 우리는 야이로가 평소에 어떤 아버지였는지 모른다. 그러나 열두 살 난 딸이 병들어 죽어가고 있을 때, 그는 차마 그 자리에 가만히 있을 수 없었던 아버지였다. 회당장이라는 직함을 달고 있었지만, 그는 먼저 아버지였다. 딸 때문에 예수님께서 계신 곳을 수소문하여 달려갔다. 가만히 앉아서 기다리다 보내기에는 딸이 너무 어렸다. 아직 피지도 못한 어린 딸이 숨을 거두는 것을 그는 견딜 수 없었다. 그는 아버지였다. 어린아이가 밤새 시름시름 아프면 아무리 잠이 많은 부모라도 견디지 못한다. 차라리 내가 아프기를 바라는 것이 아버지와 어머니의 마음이다. 야이로는 아이가 아파하는 것을 견딜 수 없었다.

그런데 그가 기대하고 갔던 곳에는 예수님께서 계시지 않으셨다. 사람들은 많이 모여있었지만 예수님께서는 갈릴리 호수 건너편에 있는 거라사 땅에 가계셨기 때문이다. 아이의 생명을 살리기 위해 촌각을 다투는데, 예수님께서 계시지 않으셨다. 언제 도착하실는지 모르지만, 사람들이 많이 모인 것을 보면 분명히 이곳으로 오실 것 같았다. 그가 얼마나 발을 동동 구르며, 얼마나 간절하게 기다렸을지, 누가 그 아비의 마음을 짐작할 수 있을까? 문제는 그것만이 아니었다. 수많은 사람들이 각자 자기 사정을 따라 이미 줄을 서서 예수님을 기다리고 있었을 것이다. 다행히 그가 기다리는 동안 예수님께서 도착하셨고, 딸이 죽어가는 그의 사정을 아는 사람들이 그에게 먼저 예수님께 말씀드릴 기회를 주었다.

아버지 야이로는 그분의 발 앞에 엎드렸다. 그는 주

님께 간절히 청하였다(눅 8장 41절). 간곡히 청하였다 (막 5장 23절). 많이 간구하였다(개역한글 막 5장 23절). "제가 이 아이의 애비입니다. 무능한 애비입니다." "이 아이를 위해 이것밖에는 할 수 있는 게 아무것도 없습니다. 제발 이 어린 것의 미래가 이어지게 해주세요. 끊어지지 않게 해주세요." 아버지 야이로는 많은 사람들이 보는 앞에서 예수님께 엎드렸고, 또 많이 간구하였다. 주님께서는 아무런 말씀이 없으셨으나, 그 어린 것의 사정을 들으신 즉시 야이로와 동행하셨다. 그러나 그가 주님을 모시고 가는 길은 평탄하지 않았다. 주님과 속히 집으로 가야 하는데, 또 다른 장애물들이 연이어 기다리고 있었다.

우선 사람들이 더 밀려들었다. 인파가 예수님의 제자들이 짜증을 낼 만큼 몰려들어 그들이 가는 길을 지체시키고 있었다. 게다가 주님께서는 길을 가시다가 어떤 여인 하나와 이야기를 나누느라 가던 길을 멈추시고 시간을 보내고 계셨다. 촌각이 급한데, 예수님께서는 그 여인의 사정을 다 듣고 계셨다. 아버지 야이로의 마음이 얼마나 다급해졌을까? 아니나 다를까, 결정적인 비보가 곧장 날아들었다. "따님이 죽었습니다. 선생님을 더 괴롭히지 마십시오." 끝났다! 이젠 끝이다. 이제 아무 것도 소용이 없다. 비통과 원망이 쏟아져 나올 수 있는 순간이었다.

그런데 이상한 것은 아버지 야이로의 반응이었다. "그러나 오셔서, 그 아이에게 손을 얹어 주십시오. 그러면 살아날 것입니다."(마 9장 18절) 이 말씀 드린 이후에 그는 더 이상 아무 말이 없었다. 여기서 그의 침묵과 말과 태도가 의미하는 바는 하나였다. "나는 당신께 엎드린 사람입니다. 주님 처분대로 따르겠습니다. 주님을 믿겠습니다." 발을 동동거리며 조급하게 주님을 기다리는 중에도, 그리고 주님을 모시고 오는 길에 들은 딸의 부고 앞에서도, 그는 엎드린 사람이었다. 그의 마음은 시종 엎드린 자세를 바꾸지 않았다. 전적인 복종, 전적인 신뢰, 유일한 자비와 소망의 근원이신 예수님 앞에서 그는 자세를 바꾸지 않았다. 그는 주님께 엎드린 사람이었다.

과연 주님의 말씀은 달랐다. "두려워하지 말고, 믿기만 하여라. 딸이 나을 것이다. 울지 말아라. 아이가 죽은 것이 아니라, 자고 있다." 주님께서는 주님 앞에 엎드린 사람을 끝까지 돌보아주셨다.

3. 은혜를 소매치기한 여인

예수님께서는 지금 저 회당장의 집에 죽은 아이를 살리러 가고 계신다. 덩치 큰 장정들이 예수님을 호위하여 급한 걸음을 하고 있었다. 예수님 가까이 가기도 힘든 상황이었다. 자칫 밀려드는 사람들에게 밟힐 수도 있었다. 그 긴박한 순간, 아무도 모르는 틈 사이로 소매치기가 발생했다. 아무도 알지 못했다. 그러나 주님께서는 감지하셨다. "누군가가 내 능력을 훔쳐갔다!"

아버지 야이로의 급한 길을 막아선 이 여인은 그 짧은 순간에 주님의 은혜를 소매치기하였다. 그녀는 지난

12년간 혈루증으로 계속 삶과 죽음을 오가며 고생했던 여인이었다. 성경은 그녀가 치료를 위해 재산을 다 썼으나 낫지 못했다고 소개한다(막 5장 26절). 아마 처음에는 재산이 좀 있었던 여유로운 집안의 여성이었던 것 같다. 그러나 질병이 찾아오자, 가진 모든 재산을 허비하고도 결국 아무에게도 치료받지 못한 채 절망만 남았다. 이제 남은 것은 더 나빠져가는 병든 몸뚱이와 지독한 가난, 그리고 포기와 절망뿐이다.

그랬던 그녀가 힘없는 몸을 이끌고 주님을 찾아왔다. 이 여자가 뒤에서 다가와서는 예수의 옷술에 손을 대니, 곧 출혈이 그쳤다. 누가복음을 기록한 누가는 의사였다. 여성의 질병에 익숙했던 그가 예수님의 능력이 이 여인의 질병을 즉시 고쳤다고, 완치를 선언하고 있다. 사실 '즉시' 혹은 '곧'이라는 표현은 누가복음에서 행동의 즉각성과 생동감을 표현하는 말들이다. 그런데 의사인 누가가 그녀의 증상이 즉시 나았음을 강조하여 이 말을 쓰고 있다. 정말 확실한 치료였다.

사실 그녀가 주님께 나아오는 데는 넘어야 할 강력한

장애물들이 있었다. 먼저 12년간 병들어있던 그녀의 몸이 장애물이었다. 12년간 출혈하고 있었다는 것은 누구도 상상하기 어려운 좌절을 가져왔을 것이다. 자신이 자기에게 장애물이었던 것이다. 두 번째는 사람들이었다. 건강한 남자인 제자들도 버티지 못하고 떠밀려가는 인파 속에서 예수님의 옷자락을 만지기가 쉬운 일이 아니었을 것이다. 힘없고 병약한 여인이 자칫 군중들에게 밟힐 수도 있었다. 그녀는 마지막 죽을힘을 다해 거기에 서있었다.

예수님께서 자기 능력이 나간 줄 아시고 "내게 손을 댄 사람이 누구냐?" 물으셨을 때, 베드로는 역시 베드로답게 대답하였다. "선생님, 무리가 선생님을 에워싸서 밀치고 있습니다." 베드로가 만면에 웃음을 띠고 예수님께 이렇게 대답했을까? 아니다. 그의 대답에는 짜증이 배어있었다. "아니, 주님, 이 사람들을 보면서도 그런 걸 물으십니까?" 베드로는 예수님이실지라도 종종 말씀을 잘못 꺼내실 때면 영락없이 호통을 치던 사람이었다. 하지만 베드로 덕분에 우리는 뉴스를 보듯 현장 상황을 생생하게 이해할 수 있다.

이 상황에 주님께 다가가 옷을 만진다는 것, 이것은 베드로 같은 장정에게도 힘든 일이었다. 그렇다면 심지어 병약한 한 여인, 12년간 출혈이 멈추지 않아 많은 피를 잃고 아마 피골이 상접했을 한 여인이, 그 무리를 헤집고 주님께 다가와 그 옷을 만진다는 것은 보통 일이 아니었다. 그러나 그녀는 그 장애물도 기꺼이 극복했다. 그런 외적인 장애물보다 더 큰 장애물은 "미래? 그까짓 것 필요 없어!"라고 말하는 자기 속의 또 다른 자아였을 것이다. "12년을 이렇게 살아왔는데, 이제 와서 삶을 바꿀 이유도 없고, 그냥 이대로 살다 죽고 말지! 이것도 안 되고, 저것도 안 되고, 돈도 다 잃고, 가진 것도 없는데, 이대로 죽고 말지! 미래? 그런 건 없어도 돼!"

이 여인은 가장 강력한 이 세 번째 장애물도 뛰어넘는다. 자신을 억누르는 절망과 불안의 무게를 이기고 그녀 스스로 땅을 박차고 일어났다. 이 모든 장애를 이기고 주님의 옷술에 손을 댔을 때, 그분의 은총을 소매치기 했을 때, 그 즉시 자기 몸에 변화가 있음을 느꼈다. 12

제4장 다시 이어진 미래 · 누가복음 8장 40~56절

제1부 예수님의 심장

년간 괴롭히던 그 지긋지긋한 증상, 인간으로서의 모든 가치와 존엄성조차 잃어버리게 했던 그 고통이 깨끗하게 사라졌다. 주님의 옷술을 만질 때 미래로 가는 길이 다시 열렸다.

주님께 무릎 꿇을 때 기적이 일어난다. 실망하고 그만둔 기도가 있는가? 기적만을 기대해야 하는 기도제목이 있는가? 미래로 가는 길이 끊어졌는가? 주님께 무릎 꿇고, 생명과 주권을 주님께 맡기고, 주님의 긍휼과 자비로우신 처분을 기다려야 한다. 그분께서 계시는 은총의 자리로 찾아가 침범해 들어가야 한다. 기적은 잠깐 스치는 주님의 옷술에서도 일어난다.

주님께서는 12년간의 출혈로 몸의 기력이 심히 쇠약해진 이 여인의 손길이 닿을 수 있는 곳에 계셨다. 주전 300년 무렵에 말을 타고 정복자로서 예루살렘에 입성했던 알렉산더 대왕은 누구도 감히 가까이 다가갈 수 없는 왕이었다. 그러나 평화의 왕이신 예수님께서는 어린 아이도 가까이 가서 그 옷술을 만질 수 있는 분, 커다란 말이 아니라 작은 나귀를 타시는 분이시다. 주님께서는 가장 연약한 자가 손을 내밀어 만질 수 있는 가장 가깝고 편안한 거리에 언제나 계신다. 그러므로 주님 앞에 무릎을 꿇고 손을 내밀어야 한다. 삶의 장애물에 절대 무릎을 꿇지 말아야 한다. 순순히 순응해서는 안 된다. 질병을 이기기 위해 앞길을 막고 선 무리들을 뚫어내야 한다. 미래를 얻기까지 어떤 장애물에도 굴복하지 말아야 한다.

결국 그녀가 받은 선물은 평안이었다. 두려워 떨면서 주님께 사정을 고했을 때, 주님께서는 그녀의 두려움을 평안으로 바꾸어주셨다. 사랑하는 아버지가 딸을 부르듯 주님께서는 언제나 정답게 부르시고, 작은 믿음을 큰 믿음으로 쳐주신다. "딸아, 네 믿음이 너를 구원하였다. 평안히 가거라." 주님께서는 이렇게 말씀하시는 게 이젠 습관이 되어버리셨다. 분명히 주님의 능력으로 여인이 나았는데도, '너의 믿음 때문'이라고 말씀해주셨다. 여인의 힘이 아닌데도, "네가 믿어줘서 이런 기적이 나타났다."라고 말씀해주셨다. 이렇게 주님께서는 뒤끝이 있으시다. 여기서도 그분의 뒤끝은 평안, 샬롬이었다.

4. 아이야!

 죽은 자를 살리실 때, 주님께서는 사랑으로 부르신다. "아이야, 일어나라." "아가야, 우리 일어날까? 잠 깨자. 일어나!" 엄마가 잠자는 아이를 깨우듯, 주님께서는 주체할 수 없는 긍휼과 사랑의 마음으로 아이를 부르신다. 고함칠 필요도 없다. 그러나 그분의 목소리는 인류의 가장 큰 비참이자 숙적이고 원수인 죽음을 굴복시킨 권능의 목소리였다. 예수께서 아이의 손을 잡으시고 말씀하셨다. "아이야, 일어나라." 그러자 그 아이의 영이 돌아와서, 아이가 곧 일어났다. 예수께서는 먹을 것을 아이에게 주라고 지시하셨다.

 "먹을 것을 주어라! 배고프겠다." 그 아이는 다시 호흡만 되돌아온 것이 아니라, 배고픔을 느끼고 음식을 소화할 수 있는 건강한 아이의 몸으로 다시 돌아온 것이었다. 우리가 인생의 여정을 마치고 마지막 잠이 들었을 때, 주님께서는 우리를 깨우실 것이다. 병들고 늙어서 죽은 우리의 몸이라도, 아프지 않고 가장 건강한 모습, 우리 자신의 존재에게 입혀주신 가장 아름다운 부활의 몸으로 우리를 다시 일으키실 것이다.

"나사로야, 나오너라!" "젊은이야, 일어나라!" "아들아, 딸아, 이제 잠을 깨어라!" 주님께서는 사랑하시는 아버지를 닮으셨다. 2010년 아이티 대지진이 있고 나서 아이티 이곳저곳에서 기도 모임들과 부흥회가 있었다. 길거리에 앉아서 기도하던 한 여성은 팔을 하늘로 쳐들고, 고개를 흔들면서 "감사합니다, 은혜입니다."라는 말을 연신 외치고 있었다. 그녀의 다섯 아이 중 한 아이만 병원에 가야 할 만큼 다쳤기 때문이다. 많은 사람들이 모여서 하는 기도 소리가 얼마나 큰지, 길을 가는 사람들이 대화를 제대로 할 수 없을 정도였다. 그때 나폴리인(Napoli Inn)이라는 호텔에서 11일간 폐허더미에 갇혀 있었던 24세 남성이 살아 나왔다는 소식이 들려왔다. 그 소식에 구조대장이 손가락으로 위를 가리키면서 감격하여 한마디를 했다. "This is God!" "하나님께서는 바로 이런 분입니다!"

그 엄청난 비극 속에서 그들은 살아있음에 환호하고,

그 땅에 한 사람이 더 살아있다는 것에 감사하고 있었다. 하루의 생존, 또 한 사람의 생환은 참 반갑고 감사한 일이다. 아이티이든, 북한이든, 그들에게 필요한 것은 돈도, 음식도 아닌 '미래'다. 우리에게는 미래가 필요하다. 주님의 긍휼은 우리의 오늘을 미래와 이어주는 다리다. 삶의 낭떠러지 앞, 내일로 건너가는 유일한 구름다리가 썩어 무너져있을 때, 우리 주님께서는 그 깊은 사망의 골짜기 위로 견고한 생명의 고속도로를 이어주신다.

예수님의 성품 4

우리 주님께서는 미래로 가는 길을 이어주는 다리 건축가시다. 새로운 아침에 눈을 뜨기가 두려운 사람들의 머나먼 하룻길을, 예수님께서는 샬롬, 곧 평안으로 포장해주신다. 미래로 가는 길이 끊어진 사람들이 나아와 엎드릴 때, 주님께서는 긍휼과 능력으로 그들의 손을 잡아 일으키신다. 장애물을 넘고 또 넘어 주님의 옷을 만진 쇠약한 여인에게 즉각 치료받고 소명되는 기회를 주셨다. 그러시고도 "네 믿음이 너를 구원하였다."라고 외려 칭찬과 격려를 쏟아부어주셨다. 죽은 소녀를 다독거려 죽음에서 깨워 일으키시고 가족에게 돌려주셨다. 주님 앞에 엎드린 이들의 미래를 열어주시는 분, 생명과 가족을 온전하게 회복시켜주시는 분, 그분께서 우리가 믿는 예수님이시다.

사랑이 많으신 우리 주님께서는 제자들의 안전과 평안을 가장 우선순위로 여기셨다. 깊은 잠에서 깨어나신 예수님께서는 우선 제자들을 안심시키셨다. 믿음이 어디 갔느냐고 꾸중하시기 전에 바람과 물결을 가라앉히시고, 공포에 휩싸인 제자들의 마음을 먼저 가라앉히셨다. 예수님께서는 평안이 언제나 우선순위였다.

 사실 그때 제자들은 죽음의 공포에 사로잡혀있었다. 예수께서는 고물에서 베개를 베고 주무시고 계셨다. 제자들이 예수를 깨우며 말하였다. "선생님, 우리가 죽게 되었는데도, 아무렇지도 않으십니까?" 갈릴리 바다의 파도는 무시무시하게

제5장 안심 우선
마가복음 4장 35~41절

높았다. 바람은 귀를 울리며 물보라를 덮어씌웠다. 캄캄한 흑암은 공포 그 자체였다. 제자들은 갈릴리 바다의 아우성 속에서도 아무렇지 않게 주무시는 주님이 원망스러웠다. 제자들은 도대체 무엇을 하시냐며 주님을 깨웠다.

어리석은 인간의 두려움! 이런 어리석은 두려움은 우리 모든 인간들의 마음의 바닥에 위태롭게 가라앉아있다. 바람을 따라, 물결을 따라 언제든지 요동칠 준비를 하고 있다. 그러나 예수님께서는 제자들이 과도하게 공포에 사로잡히는 것을 우려하셨다. 그래서 어떤 환경에서든 우선 제자들이 안심하고 안정되기를 원하셨다.

1. 죽을 것 같이 무서웠던 갈릴리 호수

갈릴리 바다의 풍랑은 제자들에게 정말 이겨내기 벅찬 것이었다. 죽음이 목전에 다가왔다고 느낄 정도였다. 예수님께서 보시기에 제자들은 모두 심각하게 공포에 사로잡혀 오들오들 떨고 있었다. 공포는 전염된다. 더구나 뱃사람으로 잔뼈가 굵은 베드로나 안드레, 요한이 공포에 질리고 놀라는 모습을 보면, 바다를 알지 못하는 다른 제자들은 겁에 질려 초주검이 될 수밖에 없었다.

당시 갈릴리 바다에서 쓰던 배 하나가 최근에 발굴됐는데, 길이가 약 8미터, 폭은 2미터, 깊이는 아이 키 정도인 1.3미터쯤 되는 크기였다. 갈릴리 호수가 끝이 보이는 호수이긴 하지만, 눈으로만 보고 얕보았다가는 큰 낭패를 당한다. 밤낮으로 부는 바람이 결코 만만치 않기 때문이다. 호수와 주변 광야의 기온 차이, 또 지형적

고도 차이 때문에, 일단 바람이 불기 시작하면 금세 심각한 폭풍이 된다. 8미터 크기의 배로서는 버텨내기에 역부족이다.

저녁에 불기 시작한 이 바람은 제자들의 힘으로 어떻게 할 수 없는 무시무시한 바람이 되어있었다. 그 바람에 배 안으로 물이 들이쳐서 차오르고 있었다. 게다가 사방은 짙은 흑암뿐이었다. 똑같은 바람이라도 사방이 칠흑같이 어두운 캄캄한 밤에 느끼는 것이 더 공포스럽기 마련이다. 그들은 공황상태에서 아무라도 붙들고 부르짖을 수밖에 없는 지경이었다. 그때 하필 예수님께서 약간 위로 올라간 고물, 곧 배의 꼬리 부분에서 주무시는 모습을 보았고, 그들은 더욱 큰 목소리로 외쳤다. "어찌하여 주무십니까? 우리가 죽게 되었는데 돌아보지 않으십니까?" 아마도 바람소리, 파도소리 때문에 예수님께서 못 들으실까봐 고함을 질렀거나, 아니면 예수님을 흔들어 깨웠을 것이다.

물론 주석가들 중에는 제자들의 표현이 야단을 친 것이라기보다는 간절하게 도움을 구한 것이라고 보는 사

제 I 부 예수님의 심장

람도 있다. 하지만 죽을 만큼 무서울 때는 "도와주세요!"가 아니라, 자기도 모르게 버럭 원망이 나오기 마련이다. 더구나 제자들은 아직도 예수님께서 누구신지 제대로 모르는 상태였으니 말이다. 얼른 잠에서 깨어 일어나 물을 퍼내기 위해 같이 애써줘야지, 자신들은 이 무서운 바람과 파도 때문에 죽을 지경인데 그렇게 태평하게 주무시고 계셨으니, 제자들 입장에서는 버럭 큰 소리가 나올 수밖에 없었을 것이다. "이 상황에 잠이 오십니까?" 예수님께서는 제대로 쉴 수도 없는 하나님의 아들이셨다.

2. 예수님의 우선순위

예수님께서 잠에서 깨어나 하신 행동은 특별했다. 제자들이 두려움으로 아우성치고 있을 때 주님께서는 즉각 바람과 바다를 잠재우셨다. 예수께서 일어나 바람을 꾸짖으시고, 바다더러 "고요하고, 잠잠하여라" 하고 말씀하시니, 바람이 그치고, 아주 고요해졌다. 불신과 원망의 아우성에도 불구하고 주님께서는 먼저 제자들이 안심하도록 도와주셨다. 바람이 그치고 아주 잔잔해졌다. 심각하게 위협적이었던 것만큼이나, 대단히 고요해졌다. 그제야 주님께서는 이제 제자들을 보시며 말씀하신다. "왜들 무서워하느냐?" 또한 말씀하신다. "아직도 믿음이 없느냐?"

예수님께서 행동하신 순서가 인상적이다. 그들을 먼저 안심시키시고, 그 후에야 그들에게 물으시고, 믿음을 요구하신다. 예수님께서는 "이까짓 게 뭐가 무섭다고 그래? 지금부터 지옥훈련을 시작한다. 폭풍우에 흔들리는 배 위에서 한 발로 서기, 실시!"라고 외치는 훈련교관이 아니셨다. 두려워하는 아이들을 억지로 공동묘지에 다녀오게 하는 비인격적인 방식으로 훈련시키지도 않으셨다. 제자들이 참을 수 없을 만큼 겁에 질려 혼란에 빠지는 것을 결코 기뻐하지 않으셨다. 마치 엄마가 놀란 아기를 와락 끌어안아 가슴에 품는 것처럼, 어미 닭이 떠오른

송골매를 보고 다급히 자기 날개 아래로 새끼 병아리들을 모으는 것처럼, 주님께서는 본능적으로 불안에 떨고 있는 제자들을 끌어안으셨다.

예수님께서는 제자들이 한숨을 돌린 후에야 그들의 불안이 왜 그리 컸는지, 그들의 믿음은 어디로 갔는지 물어보셨다. 마태복음 8장 26절에서는 제자들을 먼저 책망하시지만, 이는 마태복음이 다소 다른 강조점을 가지고 있기 때문에 서술 순서에 차이가 있을 뿐이다. 마가복음과 누가복음이 공통으로 기록하고 있는 것을 볼 때 사건의 순서는 이것이 맞다. 아이들을 키우거나 성도들을 돌볼 때는 반드시 이와 같은 예수님의 순서를 따라야 한다. 먼저 안심시키고, 긴급한 필요를 먼저 해결한 이후에, 비로소 우리는 그들의 성장을 위해 차근히 교훈을 주어야 한다.

"놀랄 필요 없어. 내가 너와 함께 있어줄게." 아이가 안심한 후에 우리는 함께 조용히 그 사건의 교훈을 되짚어볼 수 있을 것이다. "그래도 믿었어야지. 다음에는 꼭 믿어보자!" 굶주린 자는 먼저 배불리 먹인 후에, 슬픈 자는 먼저 위로한 후에, 아픈 자는 먼저 치료한 후에, 조용히 함께 가르침을 확인하는 것이 예수님께서 영혼을 돌보시는 방법이다. 백성들을 공포로 다스리는 것은 사탄의 방식이다. 어떤 일에 귀신의 영향이 있다고 하여 겁을 먹게 만드는 것은 사탄이 하는 짓이다. 조상의 우상 숭배가 후손들에게 재난을 가져온다고 협박하거나 하는 것은 주술사들의 짓이다. 성령님께서 주시는 거룩한 두려움이 아니라면, 성도들의 공포와 두려움은 주님께서 가장 먼저 제거하기를 바라시는 것이다.

인자하시고 인격적이신 주님께서는 제자들의 두려움과 책망과 원망을 우선 평안으로 바꾸셨다. 믿음 없는 제자들은 처음에 이렇게 외쳤다. "어째서 우리를 버리십니까? 어째서 고난과 학대 가운데 우리를 방치하십니까?" 이제 폭풍을 잠재우시고 제자들을 안심시키신 주님께서 물으신다. "어째서, 왜 이렇게 무서워하니? 너희는 왜 믿음이 없니?" 그제야 제자들은 때늦은 질문을 했다. "이분이 누구이기에, 바람과 바다까지도 그에게 복종하는가?" 그 대답은 마가복음 1장 1절에서 이미 선포

된 것이었다. 하나님의 아들 예수 그리스도의 복음의 시작은 이러하다. 그분께서는 하늘과 땅과 바다의 주인이신 예수 그리스도이시다. 주님께서는 우리의 두려움을 다루어가신다. 우리의 평안과 안전을 가장 우선시하신다. 겁에 질린 제자들에게 언제나 "안심해라!"라고 먼저 말씀해주신다.

1735년 10월, 감리교의 창시자인 존 웨슬리가 미국으로 가서 인디언들에게 전도하기 위해 배를 타고 영국을 떠났다. 그런데 대서양을 횡단하던 중 미국에 도착하기 약 열흘 전인 1736년 1월 25일에 심한 폭풍우를 만나서, 배가 거의 침몰 직전에 이르렀다. 설교자였던 웨슬리조차도 죽음의 공포에 사로잡히게 되었다. "내가 이렇게 바닷속에서 죽는구나!" 심각한 공포에 사로잡혀있던 와중에, 그는 한 무리의 사람들이 변함없이 평안히 기도와 찬송을 하면서 배 안에 있는 모든 궂은일을 불평 없이 감당하는 것을 보고 큰 충격을 받았다. 그들은 당시 진젠도르프 백작이 이끌던 모라비안 경건주의 그리스도인들이었다. 이러한 평안이 우리에게 있는가? 평안은 믿

음의 실체이다. 믿음은 바라는 것들의 확신이요, 보이지 않는 것들의 증거입니다.(히 11장 1절)

　믿음에는 세 단계가 있는 것 같다. 제1단계는 예수님을 믿기만 하면 인생에 폭풍이 없다고 믿는 것이다. 제2단계는 시련이 와도 긍정적인 마음만 가지고 있으면 이길 수 있다고 믿는 것이다. 제3단계는 배가 뒤집혀도, 혹시 내가 죽더라도 그것이 나를 영원한 생명으로 인도하는 하나님의 뜻이라 믿는 것이다. 갈릴리바다의 제자들은 1단계에서 당황하고 두려워했던 것 같다. 긍정적인 사고를 믿는 사람들은 2단계에 있을 것이다. 그러나 우리 그리스도인들은 죽음 앞에서도 담대할 수 있는 확실한 영적인 자원을 가지고 있다. 염려나 두려움은 순식간에 전염되고 확대 재생산된다. 그러나 예수님을 굳건히 믿는 믿음도 신속하게 퍼져 서로 간의 믿음을 더욱 견고하게 한다.

예수님의 성품 5

예수님의 우선된 관심사는 자녀들의 안전과 평안한 마음이다. 꾸중이나 교정은 그 다음 순서이다. 공포는 전염된다. 우리는 어리석을 정도로 두려움에 취약하다. 두려워 허둥대는 우리를 보시면서, 주님께서는 불안한 우리의 마음을 먼저 다독여주신다. 믿음이 없다고 나무라시기 전에, 우리를 두렵게 하는 바람과 바다를 먼저 잠잠하게 하신다. 행여 지금 내 앞에 폭풍이 있어도, 우리를 향한 주님의 마음은 변함이 없다.

제Ⅱ부
견고한 심장

제6장 환대

누가복음 7장 36~50절

환대받은 사람은 떳떳해진다. 환대받은 사람에게는 더 이상 부적절감이 없다. 삶의 이유가 생겼기 때문이다. 자신의 존재를 인정해주고 받아준 누군가가 생겼기 때문이다. 환대는 인격적이고 쌍방적이다. 죄인인 그 여인이 주님을 환대했을 때, 주님께서는 비로소 그녀의 주님이 되어주셨다. 거꾸로 주님께서 그녀를 환대해주셨을 때, 그녀는 당당하고 떳떳한 사람이 되었다. 더 이상 자리를 함께하기도 부적절한 그런 '죄인'이 아니었다. 그녀는 주님의 인정과 환대 덕분에, 왔고 오는 모든 세대에 주님을 환대하는 자들의 귀감이 되었다. 주님께서는 모자란 선생이었던 바리새인 시몬까지도 환대해주셨다.

1. 부적절감

'부적절감'이라고 하는 말이 있다. 감정의 일종이다. 어떤 낯선 환경에서 스스로 자기 자신이 부적절한 존재라고 느끼는 감정이다. 이것은 어떤 모임에도 속하지 못한 채 외로이 혼자되었음을 아프게 느끼는 외톨이의 감정이다. 학교에서 학생들이 그들 중 누군가를 따돌린다면, 그들이 그에게 느끼게 하는 감정이 '부적절감'이라고 할 수 있다. "넌 우리 중 하나가 아냐!" 부적절감에는 수치심이 동반된다. 때문에 부적절감을 느끼는 많은 청소년들이 자기 자신을 부적절한 존재로 여기고, 수치심에 중독이나 자살 충동에 빠진다. 바로 환대가 이런 부적절감을 치료한다.

예수님께서 바리새인 시몬의 집에 초청을 받아 가셨을 때, 죄인인 한 여인이 예수님을 찾아왔다. 우선 그 여인의 삶 자체가 부적절감을 주는 삶이었다. "우리 동네에 죄를 지은 한 여자가 있어!" 그녀는 그때까지 계속 죄인으로서의 삶을 살아왔고, 이는 동네 사람들에게 널리 알려진 사실이었다. 종교적이고 보수적인 유대의 한 마을에서 죄인으로 혼자 살고 있는 그녀는 아마도 동네의 어느 집에 찾아가도 환영받지 못한다는 부적절감 속에서 살아왔을 것이다.

그런 그녀가 바리새인 시몬의 잔칫집에 초청도 받지 않았으면서 불쑥 찾아왔다. 이것이 시몬을 비롯한 다른 사람들에게 불편함을 주었다. 그녀는 도저히, 나름대로 엄격한 규례들을 지키는 바리새파 사람의 집에는 어울리지 않는 존재였다. 물론 그 당시 이스라엘에서는 잔치에 초청받지 못한 사람들도 와서 담장 아래에 앉는 경우는 있었다. 하지만 그렇다고 해도, 아마도 그녀가 자신을 바라보며 느끼는 감정과 그녀를 바라보는 주인과 하객들의 감정은 공통적이었을 것이다. "저 사람 뭐야?" "여기가 어디라고 온 거야?" 아마도 그녀는 매우 심각한 부적절감을 느꼈을 것이다.

그녀를 더욱 이상한 사람으로 보이게 한 것은 눈에 띄는 그녀의 특별한 행동들이었다. 그녀는 향유를 담은 옥합을 가지고 예수님 뒤로 가서, 발치에 서서 울고, 눈물로 그 발들을 적시고, 자기 머리털로 예수님의 발을 닦고, 그 발에 입을 맞추고, 향유를 부었다. 다른 사람들의 시선에도 전혀 아랑곳하지 않고 입 맞추기를 그치지 않았다. 대개 손님을 초청하는 것은 주인과 초청받은 사람이 친분을 쌓고 교제를 나누기 위한 것이다. 그런데 초청하기는커녕 상상치도 못한 그녀가 나타나 눈에 띄는 행동을 함으로써, 그렇게 그녀는 만찬의 분위기를 망가뜨리고 있었다. 그녀는 만찬의 방해꾼이었다. 격에 맞지도 않았다. 모든 것이 부자연스럽게 보였다. 그러나 그녀는 개의치 않았다.

2. 누가 진정한 호스트인가?

이 여인의 '황당한' 모습을 지켜보던 집주인 시몬은 혼잣말로 예수님을 향한 의구심을 드러낸다. "이 사람이 예언자라면, 자기를 만지는 저 여자가 누구이며, 어떠한 여자인지 알았을 터인데! 그 여자는 죄인인데!" 시몬의 말에는 그 여인을 견딜 수 없이 불결하게 여기는 마음이 담겨있다. 동시에 그녀의 행동을 허용하고 있는 예수님에 대한 실망감을 표현하고 있다. 시몬은 아직 예수님의 제자도 아니었고, 예수님을 사랑하지도 않았다.

시몬은 이 말을 예수님께 들릴 정도로 큰 소리로 하지는 않았다. 그러나 주님께서는 그의 마음에 담긴 것을 읽으셨다. 그분께서는 역시 하나님의 아들이셨다. 주님께서는 즉시 반응하셨다. "시몬아, 네게 할 말이 있다."

"선생님, 말씀하십시오."

"어떤 돈놀이꾼에게 빚진 사람 둘이 있었는데, 한 사람은 오백 데나리온을 빚지고, 또 한 사람은 오십 데나리온을 빚졌다. 이 다 갚을 길이 없으므로, 돈놀이

꾼은 둘에게 빚을 없애주었다. 그러면 그 두 사람 가운데서 누가 그를 더 사랑하겠느냐?"

"더 많이 빚을 없애준 사람이라고 생각합니다."

"네 판단이 옳다."

그런 다음 주님께서는 시몬과 그 여인을 비교하셨다. "너는 이 여자를 보고 있는 거지? 내가 네 집에 들어왔을 때에, 너는 내게 발 씻을 물도 주지 않았다. 그러나 이 여자는 눈물로 내 발을 적시고, 자기 머리털로 닦았다. 너는 내게 입을 맞추지 않았으나, 이 여자는 들어와서부터 줄곧 내 발에 입을 맞추었다. 너는 내 머리에 기름을 발라 주지 않았으나, 이 여자는 내 발에 향유를 발랐다." 놀랍게도 주님께서는 그녀의 부적절함을 부각시키는 것이 아니라, 이 잔치의 호스트인 바리새인 시몬의 부적절함을 드러내신다. "저 여자를 죄인이라고 생각하는 너는 호스트로서, 잔치의 주인으로서 적절하냐?"

물론 손발을 씻는 것이 율법의 규례는 아니지만, 이것은 장로들의 전통이다(막 7장 3~5절). 창세기 18장에서 아브라함은 세 길손의 발을 씻긴다. 그런데 어쩐 일인지 바리새인인 시몬은 예수님께 발을 씻을 물을 드리지 않았다. 시몬은 주님과 입을 맞추지도 않았다. 그는 예수님께 친밀감이 없었다. 당시에 입맞춤이 의무사항은 아니었지만, 친밀한 사람들 사이에서는 자연스러운 것으로 받아들이는 관습이었다. 또한 시몬은 예수님을 특별한 손님으로 생각하지 않았다. 손님에게 기름을 붓는 것은 손님을 지극히 영예롭게 여기는 행위이다. 그가 예수님을 초청하기는 했지만, 그는 예수님을 최고의 손님으로 예우하지는 않았다. 시몬은 예수님을 초청한 호스트로서 그다지 적절하게 주님을 환대하지 않은 것이다.

그에 비해, 아무런 존재감도 없고 온통 삶의 부적절감으로 에워싸인 이 여인이야말로 예수님을 최고로 맞이한 호스트였다. 그녀는 비록 자기 집은 아니었지만, 자신의 동네에 주님께서 오신다는 사실을 알고 이 최고의 환대를 준비하고 실행하였던 것이다. 비록 초청받지 못한 손님이었지만, 그 낯선 자리를 수치심을 무릅쓰고 나아가 눈물로 예수님의 발을 씻기고, 머리털로 닦고, 발에 입을 맞추고, 그 발에 향유를 가득 부었다. 그녀는 이 땅에 오신 주님을 낯설게 여기지 않고 가장 친밀하게, 가장 특별하게, 그리고 가장 적절하게 환대했던 것이다.

그래서 예수님께서는 자신을 주빈으로 모시는 호스트가 바뀌었음을 선언하셨다. 바리새인 시몬이 아니라 죄인이었던 이 여자야말로 예수님을 환대한 진정한 호스트라고 하신 것이다. 바로 이 순간 죄인이었던 이 여인의 부적절감이 완전히 해소되었다. 주님께서 그녀의 존재와 가치를 인정해주시고, 그녀의 행동이 적절하다고 해주셨기 때문이다. 주님께서는 그 여인으로부터 최고의 환영과 고백과 존중과 환대를 받으셨다. 그로 말미암아 주님께서 주님이 되셨다.

3. 환대는 모두를 치료한다

부적절감은 자기 자신의 생명까지 위협한다. 우울한

사람들의 부적절감은 자기 자신을 원망하고 자기 자신의 존재를 어색해하게 한다. 그것은 무서운 고통을 준다. 환대가 그러한 부적절감을 치료한다. 그리고 환대는 연약한 생명에게 살아야 할 이유를 준다. 환대는 인격적인 치료수단이다. 환대는 자신이 얼마나 존귀한 가치를 가진 사람인지 알게 하기 때문이다.

성경은 이 여인이 어떤 죄를 지은 사람이었는지 분명하게 말하지 않는다. 하지만 오래전 유대의 보수적인 마을에서 홀로 죄인으로 살았다는 것은 사람들의 멸시의 대상이었다는 말이다. 혹 그녀가 매춘부였다면, 처음에는 마을사람들이 그녀를 불량한 남자들의 성적 욕구의 대상으로 업신여기고 멸시했을 것이다. 그러나 어느 정도 시간이 지나면 다른 사람들이 그녀를 괴롭히는 것이 아니라, 이제 자기가 자기 자신을 괴롭히게 된다. "나는 정말 무가치한 인간이구나. 나는 살 자격도 없어. 나는 왜 살지?"

부적절감은 자기 존재 자체를 견디기 힘들게 만든다. 자기 자신이 무가치하고 부담스럽게 느껴지므로 더 이상 존재해야 할 이유를 찾지 못하고, 오직 자신의 존재를 이 땅에서 제거하는 것만이 이런 부적절감을 없애는 유일한 해결책이라 믿게 한다. 우리 아이들이 성적 경쟁의 스트레스 때문에, 또는 친구들로부터 따돌림을 받은 것을 비관하여 목숨을 끊는 안타까운 현실이다. 이 순간에도 우울증으로 자신의 생명을 호시탐탐 노리는 사람들이 수두룩하다.

이처럼 견딜 수 없는 부적절감으로 자신에게 가혹한 사람들은, 오직 그 누군가가 환대로써 자신의 모습을 있는 그대로 받아줄 때에야 비로소 달라진다. 주님께서는 눈물로 회개하며 주님을 환대하는 그녀를 환대해주셨고, 그녀가 세상에서 가장 적절하게 주님을 환대하였다고 인정해주셨다. 그녀가 주님을 환대하였고, 주님께서 그녀를 환대하셨다. 바로 여기에서 치료와 구원과 변화가 일어났다. 그렇게 환대는 쌍방 간에 일어났다.

이 여인은 이 잔치 최고의 호스트로서 주님을 환대하였다. 비록 예수님 앞에서, 많은 사람들 앞에서 말 한마디 제대로 하지 못했지만, 그녀는 그치지 않는 눈물로 자신의 죄를 고백하고 주님을 향한 깊은 사랑을 고백하였다. 비록 이상하게 보이고 부적절하게 보이는 행동이었지만, 주님께서는 이 땅에 오신 구주로서 다른 어떤 사람으로부터 받으신 것보다 큰 최고의 환대를 받으신 것이다.

그랬을 때 주님께서도 그녀를 환대해주셨다. 그녀가 가치 있는 존재이며 적절하게 행동했음을 공개적으로 인정하셨을 뿐만 아니라, 죄를 용서받았다고 선언하셨다. 예수께서 그 여자에게 말씀하셨다. "네 죄가 용서받았다." 주님께서 그녀에게 사죄를 선언해주셨다. 예수님께서는 세상의 마지막 날에 죄를 심판하시고 용서하시는 분이시다. 그분께서는 마지막 때에 유일하신 주권자로서, 회개하는 이들에게 환대를 베풀어주신다. 우리가 주님께 나아갔을 때 죄를 용서해주시는 것만큼 큰 환대가 또 있을까? 주님께서는 한 인간이 하나님 앞에서 얻을 수 있는 최고의 은총인 죄 용서를 선언하심으로써 그녀를 환대해주셨다. 마침내 그녀는 죄를 용서받고, 구원받고, 치료받아, 평안히 자기 처소로 돌아갈 수 있었다.

"네 믿음이 너를 구원하였다. 평안히 가거라."

환대는 쌍방적이었다. 그녀는 회개와 사랑으로 주님을 환대했고, 주님께서는 사죄와 평안으로 그녀를 환대하셨다. 이런 환대의 완성은 다음의 말씀에서 선명하게 나타난다. "보아라, 내가 문 밖에 서서, 문을 두드리고 있다. 누구든지 내 음성을 듣고 문을 열면, 나는 그에게로 들어가서 그와 함께 먹고, 그는 나와 함께 먹을 것이다."(계 3장 20절)

4. 물리지 않은 만찬상

바리새인 시몬은 실상 주님을 홀대하고 있었다. 초청은 했으나 주님을 환대하지 않았다. 만찬상은 차렸지만, 그는 아무 내용 없이 주님을 모시고 있었다. 그는 결국 실질적인 호스트의 지위를 빼앗겼다. 사랑도, 회개도, 용서도 없는 껍데기 주인이었다. 오늘날의 많은 사람들도 주님께 오시라고 해놓고는 주님을 외롭게, 썰렁하게, 세계실 자리조차 없게 한다. 여인과 달리 시몬은 아직 주님께서 누구신지 확신이 없는 사람이었다. 그는 여인이 하는 '이상한' 행동들을 벌레를 보는 듯한 눈으로 지켜보면서 예수님을 의심했다. "이 사람이 예언자라면, 자기를 만지는 저 여자가 누구이며, 어떠한 여자인지 알았을 터인데! 그 여자는 죄인인데!" 시몬의 초대는 메시야가 아니라, 호감 가는 랍비를 초대하는 수준이었다.

죄인이었던 그 여인은 주님을 자기 삶을 변화시켜주신 구주로 환대하고 하나님의 미소인 샬롬을 얻었지만, 시몬은 그저 멀뚱멀뚱 구경만 하고 있었다. 하지만 우리 주님께서는 그런 시몬까지도 환대하고 품으셨다. 결국 이 만찬에서의 최고의 호스트, 곧 환대의 주체는 역시 예수님이셨다. 죄인이었던 그 여인을 환대해주신 주님께서는 동시에 바리새인 시몬까지도 받아주셨다.

먼저 주님께서는 그를 대화의 상대로 인정해주셨다. 이는 주님께서 그를 포기하지 않으셨다는 뜻이다. "시몬아, 네게 할 말이 있다."

"선생님, 말씀하십시오."

"어떤 돈놀이꾼에게 빚진 사람 둘이 있었는데……
두 사람 가운데서 누가 그를 더 사랑하겠느냐?"

"더 많이 빚을 없애준 사람이라고 생각합니다."

"네 판단이 옳다."

예수님께서는 시몬과 대화를 계속하고 계신다. 그리고 그가 쉽게 대답할 수 있는 질문을 하시고, 대답을 잘 했을 때 그의 대답이 옳았다고 긍정해주신다. 수가성 우물가의 여인에게 "네 말이 옳다."라고 대답해주셨던 것과 같다.

죄인인 여인이 예수님의 머리가 아닌 발에 향유를 부은 이유는 무엇이었을까? 원래 향유는 머리에 붓는 것이다. 그런데 그녀는 예수님의 머리에 향유를 부을 수 없었다. 유대의 관습대로 주님께서는 음식이 있는 테이블 쪽으로 머리를 향하시고, 왼 팔을 고이고 비스듬히 길게 누우셔서, 오른 팔로 자유롭게 음식을 드시면서, 발을 테이블 반대쪽으로 향하고 계셨다. 예수님께서는 그녀의 향유를 받으셨지만, 시몬과의 만찬을 중단하고 머리를 그녀에게로 가져다 대기까지 하지는 않으셨다. 그녀는 예수님의 머리에까지 다다르지는 못했다.

이 모든 과정에서 주님께서는 시몬이 베푼 만찬을 파하지 않으시고 끝까지 그와 만찬을 함께하셨던 것이다. 예수님께서는 세리와 죄인들의 친구셨지만, 동시에 겉만 깨끗했던 '명목상의 의인'인 바리새인 시몬과 같은 사람과도 끝까지 교제하신 것이다. 그에게 마지막까지 호의를 베푸시고 그를 주님의 잔치에 참여시키셨다. 주님께서는 그가 새로워지기까지 또한 기다려주셨다. "내가 너를 환대한다. 내가 너의 호스트다!"

헨리 나우웬의 아름다운 책 『상처 입은 치유자』에 이런 글귀가 나온다.

죽어가는 엄마는 마지막으로 자신의 아들을 볼 때까지 생사의 갈등을 포기하지 않고 살아 있을 수 있다. 죽어가는 병사는, 자신의 아내와 자녀들이 자신을 기다리고 있다는 사실을 안다면, 그 사랑하는 가족들을 마지막으로 한 번 더 만날 때까지 정신적인, 육체적인 해체를 연기할 수 있다. 하지만 그 어떤 것도, 그 누구도 기다려주지 않는다면, 그 사람이 생사의 갈등에서 생존할 가능성이 전무하다!

"나는 절대로 당신을 그냥 보내지 않을 겁니다. 나는 내일도 여기서 당신을 기다릴 것이고, 당신이 틀림없이 와 주실 것을 기대해 마지않습니다." 만일 이렇게 기다려 주는 사람이 있다면, 그렇게 환대 받는 이의 내일은 더 이상 캄캄하거나 불투명한 터널이 아니다.

환대는 기다려주는 것이다. 우리는 지금도 주님을 기다린다. 주님께서는 지금도 인내하시면서 죄인인 우리를 끝까지 참고 기다려주신다. 영원한 처소에서 환대하기 위해 기다리신다. 그 기다림 덕택에 우리에게는 내일이 있고 또 희망이 있다. 어떤 해체의 상황에서도 끝까지 기다려주시는 우리 인생의 최고의 호스트는 바로 우리 주님, 예수 그리스도시다. 예수님께서는 지금도 우리의 부적절감을 '최고의 적절감'으로 바꾸어주신다.

특히 우울한 사람들은 열등감과 부적절감, 그리고 자기혐오의 마음을 가지고 있다. 자신이 살아 숨을 쉬고 있다는 것을 견딜 수 없이 수치스럽게 느낀다. 그래서 높은 빌딩에서 아래를 내려다보면 까마득한 바닥이 푹신한 솜 쿠션처럼 보인다. 견고한 줄을 보면 거기에 목을 매면 편안할 것이라 느낀다. 끊임없이 자신의 목숨을 버릴 기회를 엿보며 방법을 탐색한다. 바로 이런 우울증을 치료하는 묘약이, 우리 모습을 그대로 받아주시는 주님께 있다. 그것은 이 땅에서 주님을 닮은 사람들이 모인 믿음의 공동체, 곧 교회다. 교회의 성도들은 환대하는 사람들이다. 다른 사람들을 지나치게 띄워주지도 않고 업신여기지도 않는 지혜로운 공동체, 그것이 주님께서 이 땅에 세우신 교회다. 구원과 치료는 떼려고 해도 뗄 수 없는 하나님 나라의 두 기둥들이다.

예수님의 성품 6

환대가 부적절감을 치료한다. 예수님께서는 이 땅에서 살면서 심각한 부적절감과 수치심을 가지고 사는 이들을 따뜻한 환대로써 치료해주신다. 그 누구에게도 환영받지 못했던 여인, 어색하고 이상하게 보이는 죄인의 행동을 진실한 회개로 인정해주셨다. 우리 주님께서는 그 여인을 환대해주셨고, 그녀는 우리 주님을 환대하였다. 눈물과 머리털과 입맞춤과 향유로 환대했다. 그러자 우리 주님께서는 죄 용서를 선포하심으로써 그녀를 환대하셨다. 이제 그 여인에게는 더 이상 자신으로부터 부적절감이나 수치심을 느껴야 할 이유가 없어졌다. 하나님의 독생자께서 온전히 죄를 용서해주심으로써 그녀를 환대해주셨기 때문이다.

제7장 장애와 죄

요한복음 9장 1~41절

    장애는 당사자의 죄의 결과가 아니다. 그것은 부모의 죄 때문도 아니다. 하나님께서 하시는 일을 나타내기 위한 것이다. 예수님께서는 한 사람이 시각장애인으로 태어난 것이 자신의 죄나 부모의 죄 때문이 아니라고 단호하게 말씀하셨다. 그것으로 하나님께서 하시는 일을 나타내려 하신 것이었다.

    요한복음 9장에는 특별한 사실 두 가지가 있다. 첫째, 예수님께서는 맹인을 그 자리에서 고쳐주지 않으시고, 실로암 연못으로 보내어 낫게 하셨다. 둘째, 다른 병자들을 예수께서 직접 고치시고 변호하시고 지켜주신 것과 달리, 이 맹인

은 그 거친 바리새인들 앞에서 직접 자신을 변호하도록 놓아두셨다. 우리가 이 사건의 전체적인 성격을 살펴보면, 여기에 다분히 예수 그리스도께서 의도하신 바가 있다고 볼 수 있다. 그것은 곧 하나님께서 하시는 일을 나타내시기 위한 것이다. "하나님께서 하시는 일들을 그에게서 드러내시려는 것이다."

예수님의 의도는 '보내졌다'라는 뜻의 '실로암'이라는 말에도 담겨있다. 이 시각장애인은 주님께서 특별히 목적하신 바를 가지고 연못으로, 그리고 바리새인들에게 보내졌던 것이다.

1. 실로암, '실로 암담했던' 길

예루살렘으로부터 실로암 연못까지 가는 것은 시각장애인에게는 매우 큰 도전이었다. 침을 뱉어 이긴 진흙을 눈에 바른 상태에서 그는 실로암으로 보내졌다. 옛 예루살렘 지도를 살펴보면, 실로암으로 가는 길은 예루살렘 성문을 나서서 서쪽 언덕 아래로 내려가야 하는 가파른 길이었다. 당시에는 어땠는지 모르지만, 지금도 계단이 많이 남아있는 길이다. 보통사람이 걸어가기도 피곤한 길이고, 더구나 내리막이기 때문에 건강한 사람도 주의가 필요한 길이다.

맹인으로서 그 길을 가야 할 때, 그것은 하나의 큰 도전이었다. 치유 앞에 놓인 큰 장애물이었다. 맹인 앞에 이런 장애물을 두는 것은 옳지 않다. 길이 험하다는 것 외에도, 더러운 진흙을 눈에 바르고 골목길을 지나가는 맹인을 짓궂은 아이들이 방해할 수도 있다는 것을 예상하기 어려웠을까? 골목의 모퉁이 모퉁이를 돌 때마다 부딪치는 사람들의 조소도 각오해야 했을 것이다. 침으로 대충 이긴 진흙을 눈에 바르고 갔으니, 실로암 가는 길은 그에게 '실로 암담한' 길이었을 것이다.

그러나 그 맹인은 그 즉시 순종하여 이 어려운 도전을 감행했다. 그만큼 앞을 보고자 하는 그의 마음은 간절했다. 40년간 눈을 감고 살았는데, 실로암까지 가는 길 그까짓 것은 아무런 방해거리도 되지 않는 듯했다. 다른 사람들이 치료받은 것과 비교하거나, 왜 자신에게는 그렇게 까다로우냐고 불평하지도 않았다. 그는 과연 그 길의 끝에서 예수님의 말씀이 주는 기적을 경험하였고, 더듬어 내려갔던 길을 밝은 눈으로 보면서 걸어서 올라왔다. 예수님께서 주신 첫 번째 도전을 잘 완수하였다.

오늘 우리에게도 실로암으로 향하는 길은 다른 사람들과 달리 먼 길을 돌아가야 하는 우회로다. 치료가 더디고 시간과 삶의 에너지가 더 든다 할지라도, 그것은 하나님의 뜻을 나타내시려는 특별한 길이다. 그 길은 우리가 얻은 것이 아니라 하나님께서 주신 것이다. 부부도, 부모도, 자녀도, 심지어 신체적인 약점과 질병도, 내가 선택한 것이 아니라 보내주신 길이다. 우리는 자신의 실로암 길을 끌어안아야 한다. 거기에는 하나님의 거룩한 목적이 있기 때문이다.

2. 예수님께서는 하나님을 공경하는 분이시다!

특이하게도 요한복음 9장은 죄에 대한 이야기로 시작하여 마지막 구절도 예수님께서 바리새인들에게 유죄를 선고하시는 것으로 끝이 난다. 이 시각장애인을 처음 본 제자들은 그가 누구의 죄 때문에 그렇게 태어났는지 질문했다. 제자들이 예수께 물었다. "선생님, 이 사람이 눈먼 사람으로 태어난 것이, 누구의 죄 때문입니까? 이 사람의 죄입니까? 부모의 죄입니까?" 이때 예수님께서는 단언하셨다. "이 사람이 죄를 지은 것도 아니오,

그의 부모가 죄를 지은 것도 아니다. 하나님께서 하시는 일들을 그에게서 드러내시려는 것이다."

재미있는 것은 여기에 나오는 모든 사람들이 나름대로 죄에 대한 신학을 가지고 있다는 사실이다. 제자들의 질문을 보면 그 시대의 통념이 짐작된다. 그 시대에 장애나 질병을 개인의 죄, 아니면 조상의 죄의 결과라고 정죄하였음을 알 수 있다. 특히 죄에 대한 바리새인들의 신학은 매우 폐쇄적이고, 영구적이며, 정죄하는 성향을 가지고 있었다. 그들은 자신들에게는 신학적으로 죄가 없다는 나름의 합리적인 근거를 확보하고 있었다. 단순히 지금 죄를 짓지 않음으로서 의롭다는 것 이상으로, 그들은 자신들이 조상들로부터 혈통을 따라 태생적으로 의롭다고 생각했던 것으로 보인다. 그들은 예수님께 당당히 항의할 만큼 자신들은 죄 가운데 나지 않았음을 확신하고 있었다. "우리도 눈이 먼 사람이란 말이오?"

이런 그들에게 선천적 장애는 틀림없는 죄의 산물이었다. 그들은 인간의 장애를 공공연히 죄의 결과라고 정죄하였다. "네가 완전히 죄 가운데서 태어났는데도, 우리를 가르치려고 하느냐?" 더 나아가 그들이 거듭 확신하고 싶었던 것은, '예수가 죄인'이라는 것이었다. 물론 그것은 자기들이 예단해놓고 믿고 싶어 하는 것이었다. 그러므로 그들은 갖은 꼬투리를 잡아 예수님을 단죄하였다. "안식일을 지키지 않는 것으로 보아서, 그는 하나님에게서 온 사람이 아니오."(요 9장 16절) 물론 다른 이들은 예수님 편에서 변론하기도 했다. "죄가 있는 사람이 어떻게 그러한 표징을 행할 수 있겠소?" 하지만 그런 변론 끝에 그들은 결국 '예수가 죄인'이라고 정죄하는 것으로 결론을 내렸다. "영광을 하나님께 돌려라. 우리가 알기로, 그 사람은 죄인이다." 그들은 죄를 분별하는 감별사들로 자처했고, 죄인이라는 낙인을 찍어내는 죄인 제조꾼들이었다.

바로 이런 때에 선천적 시각장애인이었던 그 사람이 예수님에 대해 명쾌하게 증언하였다. 그에게도 죄에 대한 자신의 신학이 선명하게 생겨났던 것이다. "나는 그분이 죄인인지 아닌지는 모릅니다. 다만 한 가지 내가 아는 것은, 내가 눈이 멀었다가, 지금은 보게 되었다는 것입니다. ······그것은 내가 이미 여러분에게 말하였는데, 여러분은 곧이듣지 않았습니다. 그러면서 어찌하여 다시 들으려고 합니까? 여러분도 그분의 제자가 되려고 합니까? ······하나님께서는 죄인들의 말은 듣지 않으시지만, 하나님을 공경하고 그의 뜻을 행하는 사람의 말은 들어주시는 줄을, 우리는 압니다."

눈을 뜬 그 사람의 결론은 분명했다. 자신의 눈을 띄워준 예수는 죄인이 아닌 '하나님을 공경하고 그의 뜻을 행하는 분'이시라는 것이다. 그는 담대하게, 자신이 선 자리에서 예수님께서 하신 일과 예수님께서 어떤 분이신지를 주저 없이 증언하였던 것이다. 그는 예수님께 홀대받은 자가 아니라, 예수님께서 특별하게 보내신 자였다.

3. 죄 때문에 맹인이 된 것이 아니다

바리새인들의 신학은 정죄하는 신학이었다. 연약한

장애인과 그들의 부모와 조상에게까지 죄를 뒤집어씌워 버렸다. 그래서 그들의 신학은 예수님과 공존할 수 없었다. 예수님께서는 그 시각장애인이나 부모에게 죄가 있다고 정죄하지 않으셨다. 그 자신이든 부모든 그가 장애인으로 태어난 것에 죄책이 없다고 선언하셨다. 이로써 주님께서는 그 무거운 통념의 짐, 바리새인들이 억지로 지운 짐, 율법주의의 짐에서 자유를 선포하고 계신다.

죄의 문제는 매우 중대한 것이다. 그러므로 죄를 결코 가벼이 생각해서는 안 될 것이다. 죄는 죄일 뿐, 죄를 다른 무엇으로 포장하거나 혹은 죄가 미화될 수는 없다. 예수님께서는 모든 종류의 죄를 용서해주시기 위해 이 땅에 오셨다. 죄의 대가를 지불하시고 죽으시기 위해 오신 것이다. 죄와 아무런 상관이 없으신 예수께서 십자가에서 죽으신 것이다. 죄는 분명하게 다루어야 한다. 죄는 죄라고 불러야지, 다른 이름이 없다. 싸구려 용서로 죄와 타협해서는 안 된다. '좋은 게 좋은 것'이 아니다. 어떤 심리적인 이유로든 하나님 앞에서의 죄의 개념을 흐리게 해서도 안 된다.

그와 동시에, 죄는 심각한 것이기에 분명한 증거와 근거 없이 함부로 다른 사람에게 갖다 붙여서도 안 된다. 바리새인들처럼 근거도 없이 감정적 선동에 휩쓸려서도 안 될 것이다. 죄에 관한 한 예수님께서는 섬세하시고 신중하시다. 죄를 이야기하시되, 개인의 죄를 노출시키려 억지를 부리지 않으신다. 모든 죄인들을 대할 때 예수님께서는 그분의 특별한 사랑으로 감동시키셔서 죄인이 스스로 깨닫게 도와주신다.

예수님께서는 통념을 바꾸는 변혁자셨다. 신체의 장애와 죄를 동일시하지 못하게 하셨다. 이 사람이 장애인으로 태어난 것은 죄의 결과가 아니라, 하나님께서 목적을 두시고 그렇게 보내신 결과였다. 장애를 앓고 있는 많은 분들에게도 각각 하나님께서 특별히 목적하신 바가 있다. 예수님께서는 그가 출교당하자 다시 찾아오셨다. 유례가 없는 치료 後의 재회와 보살핌이었다. 예수님께서는 그가 예수님을 믿어 구원을 얻도록 이끌어주셨다. 평생 믿었던 유대교와 바리새인들로부터 괴로움만 당하고 쫓겨난 그를 받아주셨다. 그 사람은 마침내 예수님

안에서 참된 휴식과 안식을 누릴 수 있었다.

장애는 죄의 결과가 아니다. 자녀가 장애를 가지고 태어난 것은 결코 부모의 죄의 결과가 아니다. 조상이 우상을 섬겨서 그런 것도 아니다. 우리 조상들 가운데 우상을 섬기지 않은 사람이 있었을까? 장애를 가진 아이들은 오히려 하나님의 뜻을 가지고 보내졌다. 자폐증이 있는 아이의 엄마들은 "나는 내 아들보다 하루만 더 살고 죽고 싶다."라고 말한다. 그만큼 부모들은 자녀의 장애를 고통스럽게 끌어안고 있다. 거기에다 대고 죄를 지어서 그렇다고 말하는 것은 저주를 퍼붓는 것이나 다름없다. 청소년 아이가 ADHD(주의력결핍과잉행동장애)를 가지고 있는 것을 보고 어떤 사람은 '그 가정의 조상들이 우상을 숭배했던 탓'이라고 거짓된 진단을 내렸다. 조상의 죄가 지금도 자손들에게 악한 영향력을 발휘하여 '저주'가 흐르게 하고 있다고 말한다. 그러므로 죽은 조상들을 용서하라고 말한다. 어리석은 짓이다.

우리 개인과 가정의 모든 죄와 저주는 십자가에 달리신 주님께서 단번에 담당하셨다. 그리스도께서 우리를 위하여 저주를 받은 사람이 되심으로써, 우리를 율법의 저주에서 속량해 주셨습니다. 기록된 바 "나무에 달린 자는 모두 저주를 받은 자이다" 하였기 때문입니다. 그것은, 아브라함에게 내리신 복을 그리스도 예수 안에서 이방 사람에게 미치게 하시고, 우리로 하여금 믿음으로 말미암아 약속하신 성령을 받게 하시려는 것입니다.(갈 3장 13, 14절) 저주는 나무 위에서 예수님께서 당하셨다. 그리고 예수님 안에 있는 자들에게는 아브라함의 복과 성령의 약속이 있다고 하였다. 왜 저주나 악한 영향이 남아있다고 겁을 주는가? 조상의 죄를 들먹이며 가정의 어려움이 그 때문이라 말하는 것은 사탄이 하는 행동이고, 무속에서나 하는 말이다. 모든 그리스도인들은 더 이상 두려움에게 통치받지 않는다. 우리는 생명의 주인이신 예수 그리스도의 통치 아래 있는 사람들이다.

같은 맥락에서 보면 가난도 죄의 결과가 아니다. 그렇게 보내주신 결과다. 어떤 사람들은 가난을 저주의 결과로 생각한다. 어리석은 사람들이다. 주님께서는 가난한 자들을 그렇게 이유 없이 정죄한 적이 없으셨다. 주님의 마음으로 연약한 이들을 돌아보고, 가난한 이들을 사랑해야 한다. 바리새인들처럼 단순하게 선을 그어버리고 규정한 죄의 개념을 극복해야 한다. 이런 그릇된 죄의 통념을 바로잡는 근거로서, 주님께서는 실로암의 맹인을 사자로 부르시고 보내셨다.

우리 삶을 하나님께서 무엇으로 부르셨든지, 그것은 하나님께서 보내주신 결과다. 거룩한 숙명, 우리의 실로암은 어디인가? 남들보다 둘러 가는 인생길이라 불평하지 말고, 감사하며 주님께서 주신 길을 묵묵히 가야 한다. 왜냐하면 하나님께서 우리의 인생에서 하시는 일은 너무나 선하고 보배롭기 때문이다. 하나님, 주님의 생각이 어찌 그리도 보배로운지요? 그 수가 어찌 그렇게도 많은지요?(시 139편 17절)

예수님의 성품 7

예수님께서는 맹인을 실로암으로 보내셨다. '실로 암담한' 길이었다. 그는 장애를 가졌을 뿐, 사실 사명을 가지고 보내진 사람이었다. 그는 죄를 지어 벌을 받은 것이 아니라 하나님의 목적을 이루어가고 있었다. 실로암에서 눈을 뜬 그는 담대히 증언하였다. 예수님께서는 죄가 없는 분이시라고. 죄에 관한 한 예수님께서는 섬세하시고 신중하시다. 어떤 경우에도 함부로 죄 혹은 죄인의 딱지를 붙이지 않으신다.

제8장 심장을 지나 땅으로

요한복음 8장 1~11절

　예수님께서는 연약한 한 생명을 보호하는 일을 단호하게 행하셨다. 거기에는 조금의 주저함도 없으셨다. 긍휼이 풍성하신 예수님의 우선순위는 분명하다. 그것은 생명이다. 물론 죄는 죄다. 죄인에게 다시 기회를 주신 주님께서는 죄를 경계하신다. "가서, 이제부터 다시는 죄를 짓지 말아라."

1. 광기 어린 열정

이른 아침, 사람들 때문에 갑자기 소동이 일어났다. 예수님께서는 성전에서 사람들을 가르치고 계셨다. 그때 서기관과 바리새인들이 말씀을 듣는 회중 가운데로 무례하게 진입하였다. 그들은 유대인들의 지도자들이었다. 그들의 손에는 한 여자가 붙잡혀있었다. 여자는 마치 둥지에서 떨어진 새끼 새와 같았다. 불량한 아이들의 손에 붙들린 새처럼, 수치심과 두려움에 오들오들 떨고 있었다. 머리를 숙이고 있는데다 헝클어진 머리카락이 가려 얼굴을 자세히 볼 수는 없었다. 하지만 간음하는 현장에서 갑작스럽게 체포당했으니, 이제 끔찍하게 처형당하게 될 것이다. 곧 돌에 맞아 고통스럽게 피를 흘리며 죽을 것이다.

여자는 급박한 상황에서 잔뜩 겁에 질려있었다. 가냘

픈 울음소리가 흘러나왔다. 두려움의 증거였다. 그들은 그녀를 많은 사람들의 한가운데 세워두고 예수님께 다그쳐 묻기 시작하였다. "선생님, 이 여자가 간음을 하다가, 현장에서 잡혔습니다. 모세는 율법에, 이런 여자들을 돌로 쳐죽이라고 우리에게 명령하였습니다. 그런데 선생님은 뭐라고 하시겠습니까?"

이 사건은 결코 우연한 사건이 아니었다. 유대인들의 지도자들은 덫을 놓고 기다리다가 거기에 걸려든 이 여자를 잡아왔던 것이다. 고의적이었다. 이 사건을 통해 예수님을 난처하게 하려 했던 것이 분명하다. 그들이 이렇게 말한 것은, 예수를 시험하여 고발할 구실을 찾으려는 속셈이었다. 예수님과 그녀, 두 마리 새를 한꺼번에 잡으려 했던 그들은 비겁하리만치 치밀했고, 똑똑했고, 잔인했고, 악했다. 고발하는 자들은 어쩌면 사랑에 치우친 예수님의 판결을 기대했을 것이다. 그리고 모세를 앞세워 예수님을 정죄하고, 또 그 여자는 여자대로 돌로 처형했을 것이다.

긴박한 상황이었다. 예수님께서는 그들의 광기 어린

핏빛 열기를 느끼셨다. 그들은 조급해하고 있었다. 기다릴 여유도 없이 예수님을 다그쳤다. 그들이 다그쳐 이 사람, 저 사람이 순서도 없이 계속 물었다. 서로 기다리지도 않았다. 피에 굶주린 사나운 맹수들과 같이 자신들의 사냥감을 앞에 두고 숨을 헐떡이고 있었다. "어떻게 할까요? 어떻게 할까요?" 그들이 예수님의 승인을 기다리는 것은 결코 아니었다. 그들은 예수님의 권위를 인정한 적이 없었다. 예수님으로 하여금 "그래 돌로 쳐라!"라고 말씀하지도 못하시게 하고, "결코 돌로 치지 말아라!"라고 하지도 못하시도록 몰아세우고 있었다. 예수님께서도 오도 가도 못하게 되셨고, 이 여자도 살 수 있는 길이 없었다. 이런 고난도의 질문을 하면서 이 고발자들은 똑똑한 자신들을 스스로 기특하게 생각했을 것이다. 이번엔 분명히 자기들이 이겼다는 자신감으로 배가 불러있었다. 사기충천하였고, 승리감에 잔뜩 도취되어 있었다.

2. 피뢰침이 땅에 꽂혔다

이때 예수님의 시선은 땅을 향하고 있었다. 마치 아무 소리도 듣지 않는 것처럼, 그들의 위선 앞에서 침묵하셨다. 뜨거운 물처럼 끓어오르는 그들의 감정을 대하며 일절 대꾸하지 않으셨다. 신명기 22장에 따르면 이런 경우 간음한 남녀 모두를 잡아와야 한다. 그러나 율법의 옳고 그름에 대해서도 예수님께서는 침묵하시고 그들과 논쟁하지 않으셨다. 그러실수록 서기관과 바리새인들은 더욱 조급해졌다.

예수님께서는 보는 사람이 답답해질 정도로 침묵하시면서 허리를 굽혀 땅에 글을 쓰셨다. 복음서의 다른 어디에서도 찾아볼 수 없는 특별한 행동이었다. 예수께서는 몸을 굽혀서, 손가락으로 땅에 무엇인가를 쓰셨다. 기후가 불안정해져 많은 비가 내리고 수만 개의 벼락이 떨어질 때가 있다. 예수님께서는 마치 정죄와 고발의 벼락들을 홀로 고스란히 받아내는 피뢰침과 같으셨다. 부글거리는 사람들의 분노를 손가락으로 모아 땅으로 내려보내신 것이다. 어지러이 번쩍이는 천둥 번개, 곧 그 시끄러운 정죄의 함성은 글을 쓰시는 주님의 손을 타고 땅으로 파고들어 사그라졌다. '아니, 묻는 말에 대답은 하지 않고 뭘 하는 거야? 땅에 뭐라고 쓰는 거야?' 사실은 우리도 궁금하다. 예수님께서 뭐라고 쓰셨을까?

아쉽게도 성경에 기록되지 않은 것이라 알 수가 없다. 정죄자들이 답답함을 참지 못하고 계속하여 질문할 때, 예수님께서는 글을 쓰시다가 허리를 펴고 일어나 말씀하셨다. 그들이 다그쳐 물으니, 예수께서 몸을 일으켜, 그들에게 말씀하셨다. "너희 가운데서 죄가 없는 사람이 먼저 이 여자에게 돌을 던져라." 그 조급쟁이들의 성가신 요청 속에서 예수님께서는 글을 쓰셨고, 일어나서서 그들을 보시면서 "죄 없는 자가 먼저 돌을 던져라."라고 말씀하셨다. 그것은 마치 수십만 볼트의 벼락을 고스란히 끌어서 땅속으로 사라지게 만들어버리는 것 같은 놀라운 행동이었다. 그 누구도 계산하지 못했던 예수님의 지혜였다.

"너희 중에 죄 없는 자가 먼저 돌을 던져라!" 이번 사건을 꾸며냈을 만큼 유대인들의 지도자들은 계산이 치밀한 자들이었지만, 이 말씀만큼은 전혀 예상하지 못했다. 얼마만큼의 가책을 느꼈는지는 알 수 없지만, 그것은 마치 지진이 건물들을 흔들어놓는 것 같았다. 돌을 들고 있을 힘이 사라질 만큼 그들은 흔들렸다. 살기충천했던 정죄하는 무리가 순식간에 침묵에 휩싸였다. 그것이 예수님께서 계산하신 것이었다. 그들로 하여금 자신들의 엄청난 분노와 흥분의 대상이 바로 자기 자신들이라고 느끼게 하셨다. 예수님께서 분노의 방향을 틀어 돌리셨다. 그들이 정죄할 대상은 그들 앞에 선 연약한 한 여인이 아니라, 바로 자신들이었다.

불편했다. 찔렸다. 심각해졌다. 더 이상 돌을 들고 거기 서있기가 어려울 만큼 그들은 부끄러워졌다. 이유를 알 수 없는 불편함이 그들 위를 덮었다. 이전에 이렇게 낭황스러웠던 적이 없었는데, 어른, 아이 할 것 없이 모두 더 이상 돌을 들고 있을 수가 없었다. '저 여자가 아니라 내 양심이 오염되었구나!' 예수님의 행동과 말씀은 비수처럼 그들의 가슴을 깊숙이 찌르고 들어왔다. '이렇게 불편하고 아픈 부위가 나에게 있었던가? 나에게 이런 감각이 있었던가?' 이 낯선 감각의 정체를 깨달을 사이도 없이, 그들은 곧 그 자리를 떠나기 시작했다.

예수님의 그 말씀을 듣고서는 어느 누구도 더 이상 그 자리에 있을 수 없었다. 그게 어른이든 젊은이든 상관없었다. 이 말씀을 들은 사람들은, 나이가 많은 이로부터 시작하여, 하나하나 떠나가고, 마침내 예수만 남았다. 기적이었다. 어른으로부터 젊은이까지 하나씩 하나씩 떠나갔다. 올 때는 무리 지어 몰려왔다. 속으로 막연히 자신들의 의로움에 환호하고 있었다. "난 이 여자보다 낫다! 예수 당신은 어떻게 생각하는가?" 그러나 이제는 그런 말을 했던 것이 정말 부끄러웠고, 서로의 얼굴을 보기가 민망했다. '내가 죄인이다. 내가 죄인이다. 내가 죄인이다.' 함께 왔던 가까운 가족, 친구조차도 함께 나갈 수가 없었다. 각자에게 각자의 죄가 있었다. 번개가 번쩍 지나가는 순간에, 다른 사람 혹은 그 여자의 죄가 아닌 자신의 죄에 대한 깨달음이 자기 머릿속으로 들어와 찼다. '내가 죄인이다!'

3. 죄는 죄고, 새로 얻은 기회는 은혜다

모두가 돌을 버려두고 떠난 후, 이제 예수님과 그 여자만 남았다. 그제야 예수님께서는 땅에서 눈을 떼고 일어나셔서, 그녀에게 조용히 물으신다. "여자여, 사람들은 어디에 있느냐? 너를 정죄한 사람이 한 사람도 없느냐?"

"주님, 한 사람도 없습니다."

"나도 너를 정죄하지 않는다. 가서, 이제부터 다시는 죄를 짓지 말아라."

율법주의자는 죄를 지은 다른 사람에게 더 이상 기회가 없다고 말하는 사람이다. 그러나 예수님께서는 다시 한 번 기회를 주는 분이시다. 율법주의자는 남의 운명을 닫아버리면서, "저 사람은 끝장내야 해!"라고 말한다. 그러나 예수님께서는 끝장난 삶의 운명을 다시 일으켜 주는 분이시다. 율법주의자는 남의 죄만 보는 사람이다. 그러나 예수님께서는 죄는 죄로 인정하되, 다시 믿어주는 분이시다! 율법주의자들은 남의 죄에 대해서만 매우 똑똑하지만, 예수님 앞에 서면 벌거벗은 자신의 죄와 부끄러움을 보게 된다. 율법주의자들은 떼로 몰려와서 분노를 뿜어대지만, 예수님께서는 그들로 하여금 눈을 땅에 떨구고 양심에 찔려 하나씩 하나씩 나가게 하셨다.

예수님의 신적 사랑과 자비는 죄의 고백을 전제로 한다. 다시는 동일한 죄를 짓지 않겠다는 결단을 전제로 한다. 죄는 죄다. 죄에 다른 이름을 붙일 수는 없다. 죄는 다시는 짓지 말아야 한다. 다시는 그 죄를 짓지 않겠다는 결단이 있어야 한다. 예수님께서는 과거의 죄 때문에 "너에게 희망이 더 이상 없다!"라고 말씀하지 않으신다. "나도 너를 정죄하지 않는다." 그러나 거듭 반복되는 죄도 기뻐하지 않으신다. "다시 한 번 기회를 준다. 이제부터 다시는 죄를 범하지 말아라!"

그분께서는 하나님의 아들이시다. 주님께서는 긍휼과 사랑으로 한 생명을 지키신다. 그리고 다시 한 번 기회를 주신다. 이어서 하늘 아버지의 사랑과 성령님의 지혜로 충만하셔서 죄에서 멀어지게 하신다. 그분께서는 하나님께서 기름 부으신 그리스도이시다.

죄는 죄다. 죄가 다른 무엇이 될 수는 없다. 독립기념관에 가면 과거 잔인무도한 일본인들이 우리나라 사람들을 고문하던 모습이 한눈에 들어온다. 정말 분노가 치밀고 슬픔이 복받친다. 전시된 사진만 보아도, 어린아이들이 깜짝 놀라서 눈을 감고 부모 뒤에 숨어버릴 만큼 잔혹하다. 일본인 개개인들은 가장 도덕적인 사람들로 알려져있다. 그러나 일본의 치명적인 약점은, 타국 사람들에게 저지른 자신들의 범죄를 회개하거나 부끄러워하지 않는다는 것이다. 이것은 그들의 국가적인 원죄이다.

오래전 누군가 "일본을 벌써 용서했다."라고 말했다. 그러나 우리는 일본을 용서한 적이 없다. 우리는 용서할 자격이 없다. 희생당하고 신음하는 사람들의 신음소리가 있는데, 잘못을 인정하지도 않는데, 용서는 불가능하다. 하나님의 용서에는 조건이 있다. 본인이 잘못을 깨닫는 것과, 그 죄가 그리스도의 피에 덮여 깨끗해지는 것이다. 죄는 심각한 것이기에 용서는 신중해야 한다. 값싼 포용이 용서는 아니다!

신학자 라인홀드 니버의 말처럼 국가와 국가 사이에

는 힘의 균형, 즉 정의가 있어야 한다. 일본은 조직적으로 침략하여 약탈하고 인권유린을 자행했던 일을 반드시 머리 숙여 사죄하고, 역사를 반성하고, 후세를 바르게 가르치고, 희생자들의 고통에 대해 배상해야 한다. 이미 역사 속에서 하나님께서는 기회를 한 번 더 주고 계신다. "가서, 이제부터 다시는 죄를 범하지 말아라!" 만일 또 한 번의 기회가 무산된다면, 이 말씀은 심판을 경고하는 말씀이 될 것이다.

미네소타 대학에서 쌍둥이인 두 사람을 장기간에 걸쳐 연구하였다. 1940년에 태어난 쌍둥이 짐 스프링어(Jim Springer)와 짐 루이스(Jim Lewis)에 대한 연구였는데, 매우 흥미로운 결과를 얻었다. 이들은 무슨 사정이었는지 몰라도 태어난 지 4주 만에 이별하여 1979년까지, 약 40년간 서로 간에 전혀 소통 없이 살아왔다. 같은 오하이오주에서 살았지만 거의 70킬로미터쯤 떨어진 곳에 살다가, 거의 40세가 되어 처음으로 극적으로 재회하였다. 그런데 두 사람은 너무나 비슷했다. 만나고 보니 두 사람이 모두 담배를 좋아해서 많이 피우고 있었고, 두 사람 모두 같은 모델의 같은 색 차, 청색 세비(Chevy)를 타고 다녔다. 두 사람 모두 애완견을 기르고 있었는데, 개 이름이 둘 다 '토이'였다. 두 사람이 휴가 때 찾아가는 휴양지가 플로리다의 같은 동네, 같은 골목에 있었고, 사람을 사귀는 방식, 자기 관리, 생각, 행동, 사고방식이 서로 똑같았다.

우리는 예수님과 이와 같은 쌍둥이가 되어야 한다. 여러분 안에 이 마음을 품으십시오. 그것은 곧 그리스도 예수의 마음이기도 합니다.(빌 2장 5절) 다른 사람을 쉽게 정죄하지 않는 것, 가능성이 없어 보이는 사람에게도 다시 한 번 기회를 주는 것, 이런 점에서 예수님과 쌍둥이가 되어야 한다.

예수님의 성품 8

죄는 죄다. 그러나 또 한 번의 낭비할 수 없는 기회가 은혜로 말미암아 있다. "너희 가운데서 죄가 없는 사람이 먼저 이 여자에게 돌을 던져라." "가서, 이제부터 다시는 죄를 짓지 말아라." 이 말씀은 오직 하나님의 아들이신 예수님께서만 하실 수 있다. 예수님께서는 죄를 죄라고 말씀하신다. 돌을 든 자들의 양심을 두드리신다. 그러나 돌에 맞게 될 그 순간, 죄인 여인에게 다시 한 번 기회를 주신다. 한 번 더 주어진 기회, 그것은 우리 주님께서 자신의 몸으로 정죄와 심판을 막아서서 만들어주신 것이다.

제9장 분노의 심장

누가복음 13장 10~17절

    예수님께서는 인간의 가치가 무시당할 때 분노하셨다. 연약한 생명이 억눌리는 것을 볼 때 주님의 심장은 분노로 고동치기 시작했다. 율법을 핑계로 여린 생명이 억압당하는 것을 볼 때 주님께서는 분노하셨다. 그 여린 생명이 다시 마음껏 기지개를 펴기까지 주님의 분노는 그치지 않았다.

    복음서의 유대인들에게는 전통이 인간의 생명보다 더 중요했다. 그러나 예수님께서는 생명이 전통보다 훨씬 중요한 것이었다. 그런 의미에서 주님께서는 본질을 회복하는 분이셨다. 주님의 분노는 좀처럼 변하지 않는 악한 바리새인들의 우선순위를 깨뜨리는 공성퇴였다. 지금도 엄격하게 안식

일을 지키는 유대인들은 안식일에는 자기 손으로 전자레인지의 코드도 꽂지 않는다. 그 대신 이웃에 유학 온 학생에게 와서 대신 좀 꽂아달라고 부탁한다. 엄격한 것이 문제가 아니다. 그러다가 생명을 간과하는 것이 문제다.

   예수님의 사역에서 우선순위는 언제나 분명했다. 예수님께는 한 생명이 천하보다 귀한 것이었다. 사람의 가치와 율법의 가치가 서로 충돌할 때, 율법이 그 권력으로 사람의 생명을 천시할 때, 예수님께서는 분노하시며 그 권력을 막아서셨다. 어미닭이 병아리를 품듯, 자신을 지킬 수 없는 연약힌 그 영혼을 보호하셨다.

1. 땅으로 굽어 자란 나무

몸을 온전히 펴지 못하는 장애를 가진 채 18년 동안 살아온 한 여자가 있었다. 몸이 굽어서 샌드위치처럼 윗몸과 아랫몸이 서로 붙었다. 땅을 바라보며 맞닿아 굳어버렸다. 하나님께서는 사람을 나무처럼 꼿꼿하게 서서 살도록 만드셨는데, 이 여자는 소문자 엔(n)처럼 가만히 있어도 머리가 땅을 향하고 있었다. 그렇게 살기를 열여덟 해, 이 세월은 사람으로서 살아온 시간이 아니다. 더구나 여자였다. 당시 유대에서는 여자로 사는 것 자체로도 힘이 들었다. 그런데 여자로서 허리가 굽어져 펴지지 않았으니, 그 삶의 고통이 얼마나 컸을까?

그녀가 그렇게 된 이유는 귀신이 들어와 앓았기 때문이었다. 사탄은 건강한 삶을 파괴한다. 실제로 한국 무당들이 앓는 질병들 가운데는 몸이 굽어지는 현상(body contortion)이 보고되어있다. 귀신들이 얼마나 사악한지 이 오랜 기간 동안 이 사람의 영적, 신체적인 고통을 지속시켰다. 그럼에도 불구하고, 그녀는 안식일에 예배하기 위해 회당으로 왔다. 거기에서 소망과 위로를 얻었다. 정말 오랫동안 기다렸지만 치료는 요원하였다. 시간이 멈춘 듯 그 비참과 고통은 언제나 현재진행형이었다.

마침내 예수님께서 그 회당에서 가르치시는 가운데 그녀를 보셨다. 예수께서는 이 여자를 보시고, 가까이 불러서 말씀하시기를, "여자야, 너는 병에서 풀려났다" 하시고, 그 여자에게 손을 얹으셨다. 그러자 그 여자는 곧 허리를 펴고, 하나님께 영광을 돌렸다. 예수님의 눈에 그녀가 들어왔고, 주님께서는 자유를 선언하셨다. 그 말씀과 동시에 어둠의 권세는 물러갔다. 사탄이 지배하던 몸의 고통도 예수님께서 만져주신 손길 때문에 사라지고, 허리가 꼿꼿하게 펴졌다.

무슨 소리가 들렸을까? 굳었던 뼈가 펴질 때는 큰 소리가 난다. 우두둑! 18년간 굽었던 등뼈가 펴질 때, 그 이상하고도 시원한 회복의 소리가 회당을 울렸을 것이다. 꼽추처럼 뭉툭해진 허리에 주님께서 손을 얹으셨을 때, 그렇게 고통스럽게 굽었던 허리가 활짝 펴졌다. "와! 하나님!" "어떻게 이런 일이!" 그녀의 입에서 찬양 소리가 흘러나왔고, 탄성이 울려퍼졌다. 눈앞에 나타난 창조 질서의 회복, 하나님의 은혜로운 역사 앞에서 사람들은 모두가 찬양과 감격의 상태에 돌입하였다. "저 분이 저렇게 키가 컸었나?" "어쩜, 정말!" 하나님께서 처음 인간을 만드실 때 의도하셨던 것처럼, 그녀, 이 사람의 영광스러운 머리는 하늘을 향하여 다시 일어섰다. 예수님께서 어떤 분이신지, 얼마나 능력 있는 분이신지, 고통을 당하는 사람을 얼마나 관심 있게 보고 계시는지를 사람들은 넉넉히 알 수 있었다.

2. 분노1: 회당장의 분노

그러던 중 한 사람이 이 치유의 기쁨에 찬물을 끼얹었

다! "이게 무슨 짓이야? 다들 그만둬!" 어쩌면 사실 그는 이 말보다 훨씬 더 잔인한 말로 예수님께 치료받은 여자의 기쁨을 짓밟았을 것이다. 그것도 하나님 말씀과 장로 전통의 권위를 가지고 그 치료와 회복을 정죄하였다. 그런데 회당장은, 예수께서 안식일에 병을 고치신 것에 분개하여 무리에게 말하였다. "일을 해야 할 날이 엿새가 있으니, 엿새 가운데서 어느 날에든지 와서, 고침을 받으시오. 그러나 안식일에는 그렇게 하지 마시오."

그는 바로 그 회당을 담당하는 회당장이었다. 그는 자신이 담당한 회당 안에서 이 기적이 일어난 것을 불편하게 생각했다. 그는 이 여자를 잘 알고 있었을 것이다. 이 장애인 여자는 자기 교구의 가족이었고, 그가 잘 아는 이의 누이였거나 다른 형제의 어머니였을 것이다. 그렇게도 회복되기를 사모하였으나 여의치 못하여, 그저 운명처럼 그 멍에를 지고 사는 것을 목격해왔을 것이다. 그런 그 영혼을 담당했던 그가, 그 누구보다 기뻐 뛰며 함께 축하해야 할 그가 기뻐하는 대신 분노하고 있었다.

그에게는 안식일이 더 중요했다. 아니, 안식일의 전통이 그 환자보다 더 중요했다. 다른 건 몰라도 사람 치료는 안 된다. 물에 빠진 짐승은 끌어낼 수 있어도 사람을 고치는 것은 안 된다. 아무런 생각 없이 그는 이 전통을 굳게 고수하고 있었다. 그래서 버럭 고함을 질렀다. "안식일에 치료하거나 치료받는 것은 틀렸다. 율법을 어긴 것이다. 다른 날 와서 치료받든지 해야 한다." 모두가 기뻐할 때 그는 분노했다. 모두가 감격할 때 그는 조용히 질투했다. 아무도 그를 알아주지 않을 때, 그는 분노를 터뜨림으로써 자신의 존재감을 마음껏 누렸다.

그 날카로운 냉정함에 여자는 마음을 베였다. "이게 죄인가? 내가 율법을 어기고 치료받은 건가?" 그리고 그 냉정함이 예수님의 마음까지 베었다. 그의 말은 예수님께서 베푸신 기적을 함께 기뻐하던 모든 사람들, 그리고 그렇게 치료받은 여자를 향해 차가운 얼음물 한 바가지를 선사한 것이었다. 사람들의 마음은 기쁨과 불편함 사이에서 갈팡질팡하고 있었다. 병자의 치료와 그에 대한 분노, 전혀 어울리지 않는 이 둘이 한 회당 안에 공존하고 있었다.

3. 분노2: 예수님의 분노

이대로 두면 장애를 벗어난 그 여자는 낫기 전과 같이 다시 땅으로 시선을 떨구고 집으로 가게 될 것이다. 몸은 이미 나았지만, 그녀의 시선은 여전히 땅바닥만 보고 있었을 것이다. 왜냐하면 그 치료는 '안식일의 법을 어긴 치료'였기 때문이다.

순식간에 예수님의 목소리가 스프링처럼 튀어나왔다. 회당장의 분노에 대항하는 또 다른 분노, 곧 한 여린 영혼을 지키려는 예수님의 분노의 목소리였다. 주님의 말씀은 주상과 같았다. 가을의 차가운 서리처럼 날카로운 권위가 묻어났다. 그러나 동시에 그분의 말씀은 누군가에게는 따뜻했다. 매서운 겨울바람에 노출된 아기의 여린 피부를 감싸는 두터운 털옷과 같았다. "너희 위선자들아, 너희는 저마다 안식일에도 소나 나귀를 외양간에서 풀어내어, 끌고 나가서 물을 먹이지 않느냐? 그렇다면, 아브라함의 딸인 이 여자가 열여덟 해 동안이나 사탄에게 매여 있었으니, 안식일에라도 이 매임을 풀어 주어야 하지 않겠느냐?"

예수님께서는 자신의 분노를 통해 회당장의 날카로운 화살들을 무디게 하셨다. 그 결과, 회당장이 자신의 권위를 더 세우고 예수님의 능력을 무시하려 했었던 것이 실패했다. 회당장이 안식일 치료는 무효이며, 범법이며, 모든 기쁨과 환호성은 무가치하다고 정죄했던 것도 실패했다. 그 대신 회당장의 분노에서 빠진 것 하나를 예수님께서는 강하게 부각시키셨다. 바로 그 연약한 여자였다.

그녀는 지난 18년간 사탄에게 사로잡혀있었다. 안식일에 그녀를 사탄의 결박에서 풀어주는 것은 당연한 일이다. 주님께서는 그녀를 매우 특별하게 부르셨다. "아브라함의 딸인 이 여자가 열여덟 해 동안이나 사탄에게 매여 있었으니, 안식일에라도 이 매임을 풀어 주어야 하지 않겠느냐?" 그녀는 아브라함의 딸이었다. 비록 사탄에게 매여 고생했으나, 그녀는 아브라함의 딸이었다. 버림받거나 저주받은 사람이 아니었다. 그녀는 언약 안에 굳게 선 아브라함의 딸이었다. 아브라함의 위대한 복의 약속이 핏속에 흐르는 아브라함의 딸이었다. 이 선언을 받은 그 여자는 치료되었다. 몸만 치료된 줄 알았는데, 자신의 정체성까지 치료되었다. 귀신에 사로잡혀 환청을 들으며, 고난당하며, 자신을 미워하고 싫어했는데, 몸을 치료해주신 분께서 더 크고 확실한 목소리로 자신을 '아브라함의 딸'이라 불러주셨다.

처음의 감격보다 더 뜨거운 감격이 눈물샘에서 흘러나왔다. "난 아브라함의 딸이다. 아니 처음부터, 변함없이 지금까지, 난 아브라함의 딸이다!" 사람들이 처음보다 더 큰 환호성을 외쳤다. 마침내 그들은 예수님의 뒤끝이 무엇인지 맛보았다. 여러분은 주님의 인자하심을 맛보았습니다.(벧전 2장 3절) 예수님께서 지나가신 자리, 그분을 만난 뒤끝에, 폭풍을 잊게 하는 잔잔한 평안이 마음속에서 흐르고 있었다. 예수님께서는 분노로써

한 연약한 영혼의 평안을 지켜주는 샬롬의 사람이셨다.

외양간에 묶어놓은 어미 소와 달리, 아직 어려서 묶어 놓지 않은 어린 송아지는 갑갑한 외양간에서 나오자마자 이리저리 펄쩍펄쩍 뛰면서 생기 넘치는 에너지를 발산한다. 말라기 선지자는 예수님께서 오시면 이 생동감 넘치는 치유와 회복이 나타날 것이라는 하나님의 말씀을 전하였다. "그러나 내 이름을 경외하는 너희에게는, 의로운 해가 떠올라서 치료하는 광선을 발할 것이니 너희는 외양간에서 풀려난 송아지처럼 뛰어다닐 것이다."(말 4장 2절) 의로운 해, 곧 메시아께서 오셔서 치료하는 광선을 발하여 모든 질병과 장애를 치유하실 것이다. 그뿐만 아니라 삶의 생기를 온전히 회복시키셔서, 한 영혼 한 영혼이 기쁨과 자유와 넘치는 힘으로 마음껏 뛰놀게 하신다. 주님의 치유는 전인적인 치유다.

상상할 수 없는 악행들을 행하는 중에 사탄은 믿는 자들까지 삼키려 두루 다닌다. 등 굽은 여자가 그렇게 사탄에게 붙들렸었다. 그러나 우리 주님께서는 그녀의 병을 고쳐주시면서 '아브라함의 딸'이라 불러주신다.

회개한 삭개오를 가리켜서 아브라함의 자손이라 하셨는데, 질병을 고쳐주신 이 여자를 가리켜 '아브라함의 딸'이라고 불러주셨다. 예수님께서는 그녀의 질병을 고쳐주셨을 뿐만 아니라, 그녀의 영적인 신분까지 확인해주셨다. 이 얼마나 영광스러운 회복인가?

주님께서는 참으로 놀라운 분이시다. 귀신이 들려 꼬부라져 18년을 살아온 한 여자를 대하는 예수님의 모습에서 우리는 왜 예수님께서 하늘과 땅을 지으신 하나님의 아들이신지, 그 완전한 언어와 그 완전한 인격을 미루어 넉넉히 짐작할 수 있다. 어떤 남편은 성경에 관한 한 박사라고 불릴 만큼 성경을 많이 아는 사람이었다. 그런데 문제는, 아내가 가출해서 돌아오지 않았다. 왜냐하면 그 많은 말씀의 지식을 일방적으로 아내에게만 적용하기 때문이다. 하나님의 말씀은 자신에게 적용하고 자신이 변하게 해야 하는 것이다. 함께 사랑하고 이해해야 할 사람에게 하나님의 말씀을 지식적으로 적용하면서 날을 세워 정죄하거나 판단하면, 그렇게 판단을 당하는 사람은 영적으로 상처를 받아 죽는다.

우리의 가족과 이웃은 더불어 이해하고 무한히 공감해야 할 사람들이다. 율법이 선한 것이지만, 율법주의자가 되면 그 율법으로 여린 생명들을 상처 입힌다. 그래서 주님께서는 모든 힘과 권위를 다해 그런 악한 권력들을 대적하셨다. 주님께서는 의로운 분노로써 연약한 자들을 정죄자들의 손에서 지켜내셨다.

예수님의 성품 9

우리 주님의 뒤끝은 평안이다. 예수님께서는 여린 생명들의 평안을 지켜주시기 위해 부득불 분노하신다. 율법주의가 다른 사람의 평안을 억누를 때 우리 주님께서는 분노하셨다. 율법주의는 버럭 고함을 지른다. 율법을 어겼다고, 예수님의 치료도 틀려먹었다고! 예수님께서는 추상같은 권위로 율법주의의 화살을 막아서신다. 창조법이 율법보다 먼저라고 선언하신다. 그 여자를 치료하시고 '아브라함의 딸'이라 불러주셨다. 영으로, 육으로 주님께서는 완전한 평안의 뒤끝을 남기신다.

제10장 생명 우선

마가복음 3장 1~6절

긍휼 베풀 자를 만날 때마다 예수님의 마음은 조급해졌다. 그 자리에서 고쳐주지 않고는 견딜 수 없을 정도로 조급하셨다. 이 조급증 때문에 주님께서는 늘 곤란을 겪으셨다. 바리새인들이 자신들의 경쟁자 사두개인들까지 끌어들이고 결탁해서 늘 예수님을 감시했고, 예수님께서는 번번이 그들의 덫에 걸려드셨다. 한 영혼에게 긍휼을 베풀고 싶어 조급한 마음, 그것이 예수님의 십자가를 재촉했다.

1. 순하지 '않으신' 예수님

복음서에 빨간색 글자로 인쇄된 예수님의 실제 목소리는 어떠했을까? 혹시 거룩하고 중후한 중저음의 아나운서 목소리일까? 아무런 감정의 기복이 없는 거룩한 성인의 목소리는 아닐까? 우리는 우리의 기대 때문에 때로 예수님을 매우 비현실적인 분으로 만들어놓는다. 성탄절마다 아기 예수님을 순둥이 아기로 만들어놓는다. '그 순하신 예수 우시지도 않네.' 잠을 깬 아기가 울지도 않는다니, 엄마 뱃속에서 태어나자마자 하늘과 땅을 가리키며 "천상천하유아독존!" 했다는 다른 종교의 신화와 맞먹는다.

예수님의 말씀 속에는 언제나 감정이 실려있었다. 바람과 바다를 꾸짖으실 때 주님께서는 결코 속삭이지 않으셨다. 그러나 어린아이들을 축복해주실 때는 그보다 더 온유할 수 없으셨다. 죽은 나사로의 무덤 앞에서는 우셨고, 죽은 그를 불러내실 때 그분의 목소리에는 연민과 권위가 함께 실려있었다. 물론 베드로 뒤에 숨어있던 사탄을 꾸짖으셨을 때는 엄중하게 분노하셨다.

유교 문화는 예수님을 점잖은 어른으로 만들어놓았고, 스토아 철학자들은 예수님을 감정 없는 성인으로 만들어놓았다. 그들은 하나님의 아들이 의로운 분노를 표현할 길조차 막아놓았다. "분노란 중독성이 있어서 우리의 본성을 왜곡시킨다." 따라서 세네카 같은 철학자들은 인간이 변덕스러운 감정의 노예가 되지 말 것을 가르쳤다. "중요한 것은 마음의 평정이다!" "감정에 휘둘리지 않는 사람이야말로 성인이다!" 물론 통제할 수 없는 분노는 파괴적인 결과를 가져올 수도 있다. 그러나 예수님께서는 의와 생명을 위해 분노할 줄 아는 분이셨다.

2. 덫에 걸려든 예수님의 심장

예수님께서 안식일에 한 회당에 들어가셨다. 말씀을 가르치실 때 거기에 오른손이 오그라든 사람이 있었다. 손이 오그라들었다는 것은 손이 성장하다가 멈추어버려 더 이상 손으로서 기능하지 못한다는 것을 말한다. 아마도 그의 오른손은 정상적인 왼손보다 작거나 흉하게 일그러져서, 제대로 쓸 수도 없고 보기도 안쓰러운 손이었을 것이다.

예수님의 눈이 그 사람을 그냥 지나칠 수 있었을까? 결코 그럴 수 없었다. 예수님의 자비로우신 눈은 사랑으로 고쳐야 할 사람을 날카롭고 정확하게 찾아내었다. 그러자 긍휼덩어리 심장이 뛰기 시작했다. 제대로 발육하지 못한 손 때문에 고통스러워하는 한 사람, 하나님께서 원래 만드셨을 때의 건강을 누리지 못하는 그 사람! 손이라는 것은 자신의 몸을 도와야 하고, 더구나 오른손은 더욱 긴요하다. 그 손이 외려 몸에서 거추장스러운 부착물이 되어버린 그를 보셨을 때 주님의 마음이 가장 먼저 움직였다. 일단 주님께서는 마음 속 긍휼이 요동치면, 바로 그 자리에서 기어코 그 사람의 고통을 없애고 마신다. 어떤 병이든지, 아니면 어떤 날이든지 아무런 상관이 없다.

그런데 매섭고 날카로운 눈들이 예수님께서 이 사람에게 하시는 행동을 지켜보고 있었다. 그것은 바리새인과 서기관들의 눈이었다. 그들은 오늘도 무엇인가를 감지하고, 면밀하게 예수님을 감시하고 있었다. "오늘이 안식일인데, 과연 예수가 저 사람을 고쳐줄까?" 그들은 덫을 놓고 사냥감을 기다리는 사냥꾼들이었다. 동물들이 다니는 길에 덫을 설치해두면, 똑같은 길을 지나다니는 동물들은 틀림없이 걸려들 것이다. 그만큼 예수님의 판단과 행동은 단순하게 보였고, 그들은 이를 쉽게 예측할 수 있었다. 이 바리새인들은 예수님의 어떤 행동을 미리 예상하고 있었다는 것이다.

첫째, 그들은 예수님의 긍휼을 예상하고 있었다. 저렇게 손이 불구인 사람이 있다면 예수님께서 절대로 그냥 지나치지 않으실 것을 알았다. 그 예상은 적중하였다!

예수님의 궁휼의 눈을 비켜갈 수 있는 병자는 한 사람도 없었다. 둘째로 예수님의 능력을 예상하였다. 그 어떤 질병이나 불구라도 예수님께서 고칠 수 있으심을 그들은 알고 예측하였다. 그들은 예수님을 믿지도 따르지도 않았는데도 그분의 능력은 정확하게 예측했다. 예수님도 놀랍지만, 이 사람들 역시 놀랍다. 어떻게 그 능력을 예견하고 또 그대로 치료되는 기적을 보면서도 끝까지 믿지 않았는지!

셋째, 무엇보다도 그들이 기대했던 것은 당일의 현장 치료였다. 그들은 예수님께서 그 장애인을 보시고 궁휼을 느끼시는 즉시 지체하지 않고 바로 그 자리에서 병을 고치실 것을 예상하였다. 한나절만 미루어도 문제가 되지 않겠지만, 예수님께서는 기다리지 않으셨다. 그들은 오늘도 주님께서 안식일의 전통을 어기시는 순간 그분을 정죄하고 트집 잡기 위해 회당에 와있었다. 영적인 지도자들로 자처하는 그들은 안식일에 예배하러 회당에 온 것이 아니었다. 자신들은 이미 본질을 벗어나있었지만 그것은 문제가 되지 않았다. 그들은 약한 사람들을 돌보러 온 것도 아니었다. 혹시 예수가 병든 자를 고쳐주면 안식일에 해서는 안 되는 일을 했다고 고발하려고 거기 와 있었을 뿐이다.

예수님께서는 긍휼 때문에 또 한 번 덫에 걸려드셨다. 그분의 긍휼은 참 조급한가 보다. 그분의 심장이 유난히 다급하게 뛰나 보다. 선지자 요나는 자신이 다시스로 도망한 이유가, 하나님께서 어떻게 하실 줄 뻔히 알았기 때문이라고 말한다. "하나님은 은혜로우시며 자비로우시며 좀처럼 노하지 않으시며 사랑이 한없는 분이셔서, 내리시려던 재앙마저 거두실 것임을 내가 알고 있었기 때문입니다."(욘 4장 2절) 이것은 참으로 기가 막힌 진술이다. 요나 선지자는 아직 율법 시대, 즉 예수 그리스도를 통한 사랑이 완전히 계시되지 않은 시대에 살았다. 그런데 하나님께서 은혜롭고 자비로우시며 좀처럼 노하지 않으시고 사랑이 한없이 크시다고 알고, 재앙을 내리지 않으시리라 예측하고 있었다.

그 잔인한 침략자 앗수르의 수도 니느웨의 사람들일지라도 회개하면 하나님께서 그들에게 재앙 대신 은혜를 베푸실 것이라는 그의 예측은 정확히 맞았다! 하나님께서 하실 일은 뻔했다. 하나님께서는 무한하시고, 우리가 예측할 수 없고 측량할 수 없는 분이시지만, 적어도 하나님의 사랑과 용서에 관해서는 우리가 정확히 예측할 수 있다. 더욱이 연약한 한 사람에게 우리 예수님께서 어떻게 말씀하시고 행동하실지는 뻔히 예상이 가능한 일이다. 원수들의 예상대로, 예수님께서는 정확하게 그렇게 하셨다.

3. 예측할 수 있는 박동

심장이 건강하다면, 보지 않더라도 그것이 박동하고 있으리라 예측할 수 있다. 우리는 하나님의 심장 소리를 들을 수 있다. 심지어 원수들도 그것을 예상했고, 예수님께서는 예상대로 정확히 그렇게 하셨다. 왜 그러셨을까?

예수님께서는 고통 받는 사람을 치료하는 일을 조급

해하셨다. 주님께서는 일단 보신 이상 시간을 지체하거나 날짜를 연기하여 치료하는 경우가 좀처럼 없으셨다. 물론 예수님께서 진흙을 발라주신 후 실로암에 가서야 눈을 뜬 맹인도 있고, 제사장에게 보이러 가는 길에 병이 나은 문둥병자들도 있다. 하지만 그것은 믿음과 순종을 원하시는 주님의 특별한 요구였을 뿐, 그들이 날을 넘겨서야 치료받은 적은 결코 없었다. 믿음으로 순종하는 즉시 그들은 치료받는 기적을 체험하였다. 예수님께서는 그 손 오그라든 사람에게 말씀하셨다. "일어나서 가운데로 나오너라." 그리고 이어서 예수님께서 "손을 내밀어라." 하셨을 때, 즉시 그 손이 치료되었다.

하나님께서 안식을 누리도록 주신 바로 그 안식일이 그의 생일과 같이 되었다. 그 많은 사람들이 보는 앞에서 그는 새로운 인생을 시작했다. 주님께서는 안식일에 그의 평생의 고통을 기쁨으로 바꾸어주셨다. 그의 고통이 얼마나 오래되었는지 우리는 알 수 없다. 이미 그 자신도 회복되리라는 희망을 버렸을 수도 있었다. 하지만 주님의 긍휼과 능력은, 지쳐서 희망마저 놓아버린 그의 손에 생명을 불어넣으신 것이었다.

4. 완고하게 굳은 심장

 정말 놀라운 것은, 이 은혜로운 기적이 일어나는 와중에서도 전혀 요동하지 않는 바리새인들과 서기관들의 불신앙과 완고한 마음이다. 주님의 긍휼과 능력을 보면서도 그들은 여전히 자신의 임무에 흔들림이 없었다. 정말 놀라운 일이 아닐 수 없다. 한 사람의 인생이 바뀌는 것을 보면서도 그들은 변하지 않았다. 그들이 여기에 온 목적은 오직 한 가지, 예수님을 감시하는 것뿐이었다. 그들은 자신들의 임무에 성실할 뿐, 어떤 일이 일어나든지 간에 동요되지 않았다.

 정말 억지로 이렇게 하기도 힘들지 않을까? 결국 그들은 예수님께서 누구신지, 혹은 치료받은 그 사람이 얼마나 힘겨운 삶을 살아왔는지, 심지어 이제 나아서 앞으로 얼마나 기쁘게 삶을 살아갈지에 조금도 관심이 없었다. 그들의 관심과 결론은 오직 하나였다. "저 사람은 안식일의 법을 어긴 사람이다. 그는 죄인이다!" 그들은 작은 범법 하나를 찾아 예수님을 정죄하고 그분의 모든 사역 전체를 부정하려는 완고한 심장들을 가지고 있었다.

이처럼 완고한 그들의 마음을 보실 때 예수님의 마음은 고통스럽게 요동하였다. 한 영혼이 회복되는 광경을 털끝만큼의 긍휼도 없이 감시하고 있는 그들 때문에 주님의 분노의 심장이 뛰기 시작했다. 예수님께서는 무감각한 탈속의 성인이 아니셨다. 주님의 가슴에서 뜨거운 분노의 불이 일어났다. "안식일에 선한 일을 하는 것이 옳으냐? 악한 일을 하는 것이 옳으냐? 목숨을 구하는 것이 옳으냐? 죽이는 것이 옳으냐?" 마치 천둥이 치듯 터져 나온 주님의 분노였다. 분에 찬 말씀이 감시자들의 마음과 양심을 마구 두들겨놓았다.

그러나 단 한마디도 제대로 대답하는 사람이 없었다. 심폐소생술, 전기충격기, 산소호흡기를 쓰듯 무슨 방법을 써도 그들의 심장은 다시 움직이지 않았다. 그들의 심장은 딱딱하게 굳어있었다. 예수께서 노하셔서, 그들을 둘러보시고, 그들의 마음이 굳어진 것을 탄식하시면서, 손이 오그라든 사람에게 말씀하셨다. 머리로는 율법의 규칙들을 잔뜩 외우고 있었지만, 손이 제대로 성장하지 못해 고통스러워하는 한 형제의 사정을 전혀 보지도, 느끼지도 못했다. 이들의 머리는 끊임없이 생각을 하고 있지만, 이들의 심장은 아무것도 느끼지 못하고 있다.

그들은 우선순위를 잘못 설정해놓고 있었다. 마태복음에서는 같은 장면에서 예수님께서 그들에게 이렇게 말씀하신다. "너희 가운데 어떤 사람에게 양 한 마리가 있다고 하자. 그것이 안식일에 구덩이에 빠지면, 그것을 잡아 끌어올리지 않을 사람이 어디에 있겠느냐? 사람이 양보다 얼마나 더 귀하냐? 그러므로 안식일에 좋은 일을 하는 것은 괜찮다."(마 12장 11, 12절) 신기하게도 그들은 안식일에 구덩이에 빠진 양이나 가축을 건지는 것은 괜찮지만, 사람을 치료하는 것은 규칙에 저촉된다고 여겼다. 가축과 재산은 중요하지만, 고통 받는 사람들은 관심 밖이었다. 사람 하나가 얼마나 더 귀한지 알지 못했다.

5. 전통의 법 vs. 창조의 법

하나님께서는 안식일일지라도 구덩이에 빠진 양을 끌어내도록 허락하셨다. 안식일에 가축에게 물을 주는 것도 허락하셨다. 왜냐하면 빨리 구덩이에서 끌어내지 않거나 하루라도 가축에게 물을 주지 않으면 생명을 유지할 수 없기 때문이다. 그것이 율법을 주시기 이전부터 존재한 생명의 법, 창조의 법이었다. 사람은 이런 양이나 가축과 비교할 수 없을 만큼 귀중하다. 물을 먹이고 음식을 먹이는 것만으로는 충분하지 않다. 몸과 마음의 상처를 살피고, 그들의 영혼까지 세심하게 돌보아 회복시키는 것이 안식일에 해야 할 일이다.

주님께서는 한 손이 성장을 멈추어버린 한 인간의 고

통을 보셨다. 당사자가 아니면 좀처럼 이해하기 힘든 불편과 상처와 고통을, 마치 자신이 느끼듯 헤아리셨던 것이다. 주님의 심장은 그 사람을 향해있었다. 다른 사람의 마음을 이해하는 '공감'을 가리켜서 '대리적 성찰'이라 말한다. 손이 아픈 사람을 대신하여 내가 아픔과 불편을 경험하는 것을 말한다. 우리의 죄를 '대속'하신 주님께서는 우리의 아픔을 대신 경험하셨다. 그리고 우리 대신, 긍휼이 없는 바리새인들에게 분노하셨다.

분노는 마음이 전혀 움직이지 않는 사람들에게 부끄러움을 줌으로써 메시지를 전하는 것으로, 최후의 방법 가운데 하나이다. 그러나 물론 그들은 이 사실을 깨닫지도 못했을 것이다. 더더구나 어떤 변화를 기대할 수도 없었다. 외려 반감과 원망, 복수의 심정을 가지고 예수님을 어떻게 죽일까 의논하였다. 바리새파 사람들은 바깥으로 나가서, 곧바로 헤롯 당원들과 함께 예수를 없앨 모의를 하였다. 그들은 자신들의 따뜻한 심장을 스스로 내버린 사람들이었다.

병들고 연약한 자들을 볼 때 우리의 시선이 그들에게

머무르고 우리의 심장이 뛰지 않는다면, 주님께서는 분노하실 것이다. 고통을 받는 한 연약한 자를 향하여 긍휼히 여기는 마음이 움직이지 않는다면, 주님께서는 우리의 완악함과 무감각에 분노하실 것이다. 설령 그 연약한 자들이 불신자라 하더라도, 우리는 우선 차별하는 마음을 내려놓아야 한다. 한 영혼의 고통 앞에서 우선 심장이 움직이는 그리스도인들이 되어야 한다.

6. 예수님의 분노, 그 견고한 성

주님의 분노는 연약한 영혼들을 지켜주는 든든하고 견고한 성이다. 주님의 분노는 율법주의의 거친 물결로부터 상한 갈대와 같은 영혼들을 지켜주었다. 권력자들의 탐욕과 죄악의 탁한 물결로부터, 꺼져가는 심지와 같은 영혼들을 지켜주었다. 주님께서 손 오그라든 사람을 치료하신 후에 그를 바리새인들의 손에 버려두셨으면 어떻게 됐을까? 주님께서는 분노하심으로써 정의를 만드셨다. 물론 주님께서 분노하셔서 원수들이 수치를 느끼게 하신 일은 얼마지 않아 역공이 되어 돌아올 것이 분명했다. 사역의 초기였음에도 불구하고, 벌써 원수들은 헤롯당의 사람들과 합작하여 예수님을 죽일 궁리를 하고 있었다(막 3장 6절).

예수님께서 그것을 모르셨을까? 그러나 비바람과 폭풍이 몰아칠 때, 지진으로 건물이 무너져 내릴 때 자신의 몸이 부서지면서까지 아이를 가슴에 품는 엄마의 마음처럼, 주님께서는 자신의 분노로 연약한 영혼들에게 평안을 주시고 자신은 십자가 앞으로, 하나님의 진노가 기다리는 그곳으로 한 걸음 한 걸음 나아가셨다. 연약한 영혼은 지켜주시고, 그 모든 책임이 자신에게 돌아오게 하셨다. 우리를 위하여 십자가, 그 진노의 처소로 담대히 나아가셨다.

주님께서는 의로운 분노로 악한 자들을 대적하신다. 주님의 눈은 의인들을 굽어보시고, 주님의 귀는 그들의 간구를 들으신다. 그러나 주님은 악을 행하는 자들에게서는 얼굴을 돌리신다.(벧전 3장 12절) 주님의 분노는 주님을 신뢰하는 우리들에게 복음이다. 주님을 신뢰하는 모든 사람들을 주님께서는 끝까지 지키신다. 주님께서 친히 말씀하시기를 "내가 결코 너를 떠나지도 않고, 버리지도 않겠다" 하셨습니다.(히 13장 5절) 긍휼히 여기시는 우리가 안전하고 완전한 평안을 얻기까지, 우리가 원수들의 손에서 완전히 벗어나기까지, 주님께서는 분노하심으로써 안전하게 보호해주신다.

예수님의 성품 10

　예수님께서는 긍휼을 베푸는 일에 언제나 조급하셨다. 어떤 사람을 만나 그가 불쌍하다고 느끼시면 그냥 지나치지 못하셨다. 심지어 원수들이 덫을 놓고 기다릴 때도 마찬가지였다. 그런 조급한 마음 때문에 쉽게, 너무나도 쉽게 우리 주님께서는 그 덫에 걸려드셨다. 그러나 긍휼 베풀기에 무관심한 자들에게는, 우리 주님께서는 천둥처럼 분노하셨다. 구덩이에 빠진 양을 건지고 병든 자를 고치는 것은 안식일을 지키는 전통보다도 더 앞선 창조의 법이다. 건물이 무너지는 가운데 자신의 몸은 부서지더라도 사랑하는 아기를 가슴에 품는 엄마의 마음처럼, 주님께서는 자신의 분노가 십자가를 자초하는 것을 아시면서도 긍휼을 베푸셔서 연약한 생명들을 지켜내셨다.

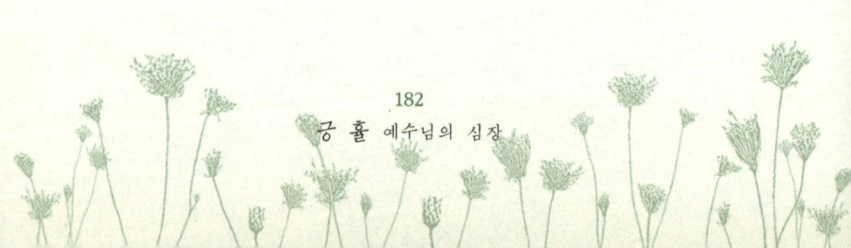

제11장 침묵

마태복음 27장 11~14절, 이사야 53장 7절

예수님의 침묵은 긍휼의 언어이다. 침묵은 해롭다. 침묵을 강요당한 사람은 병든다. 진실을 감추고 침묵하게 하는 것은 무거운 형벌이다. 예수님께서는 십자가에서 자신에게 독이 되는 잔을 다 드셨다. 응답 없는 절규, 은총이 닫혀버린 절망, 거기서 버림받은 외로운 하나님의 아들께서는 침묵하는 유월절 양이셨다. 예수님께 침묵은 자신의 고난을 끌어안는 언어요 신호였다. 그 십자가의 한쪽 그늘에서 그 저주의 흑암이 미치지 못할 반석 사이로, 예수님께서 안전하게 숨겨놓으신 생명의 싹들이 피어나고 있었다. 그분께서 병들며 끌어안으신 고난으로, 우리는 영원한 형벌을 면하게 되었다.

1. 어린 양의 침묵

도살장의 양들은 어느 시인의 말 그대로 '모가지를 드리우고 조용히 피를 흘리며' 죽는다. 돼지들은 시끄럽다. 자기 생명의 종말을 받아들이기 힘든 생명체들은 침묵을 깬다. 그러나 양들은 마치 자신의 운명을 아는 것처럼 큰 소란을 부리지 않고 조용히 종말을 맞는다. 영국의 도살장에서는 200볼트의 전기로 충격을 주어 양을 기절시키고 고리에 걸어서 목을 자른다. 남미 산악지대에서는 양을 묶어놓고 바로 목에 칼을 댄다. 금방 피가 양푼으로 흐른다. 그러나 양들은 죽을 때 큰 소란을 피우지 않는다. 자신의 운명을 너무나도 조용히 받아들이는 모습에 그걸 바라보는 사람들의 마음이 더 숙연해진다.

우리 주님께서는 십자가에서 이 양들의 침묵을 자신의 운명으로 받아들이셨다. 그는 굴욕을 당하고 고문을 당하였으나, 아무 말도 하지 않았다. 마치 도살장으로 끌려가는 어린 양처럼, 마치 털 깎는 사람 앞에서 잠잠한 암양처럼, 끌려가기만 할 뿐, 아무 말도 하지 않았다. 그리스도의 십자가는 결코 침묵할 수 없는 모순과 혼돈 덩어리였다. 세상 어디에 그런 엉터리가 또 있을까? '하나님의 아들이 고난을 받았다.'는 모순이다. '하나님의 아들이 저주를 받았다.'도 모순이다. '하나님의 아들이 하나님께 버림받았다.' 역시 모순이다. '하나님의 아들이 죽었다.' 이건 정말 견딜 수 없는 모순이다.

주님께서는 제자들에게 틀림없이 이렇게 가르치셨다. "너희가 악해도 너희 자녀에게 좋은 것을 줄 줄 알거든, 하물며 하늘에 계신 너희 아버지께서, 구하는 사람에게 좋은 것을 주지 아니하시겠느냐?"(마 7장 11절) 그러나 정작 그 하나님의 아들이 울부짖을 때에는 하나님께서 응답하지 않으셨다. 애절한 고통으로 하나밖에 없는 독생자 아들이 기도할 때, 하늘의 아버지께서는 그의 고통을 차갑게 외면하셨다. 모순, 모순, 모순! 십자가는 이해할 수 없는 모순 덩어리였다.

하나님 아버지와 그분의 아들이신 예수 그리스도를 이어주는 영원한 생명의 끈은, 이 세상에서 살아 숨 쉬는 모든 생명체들이 가지고 있는 그 질긴 모성의 태고적 원형이었다. 일찍이, 하나님을 본 사람은 아무도 없다. 아버지의 품속에 계신 외아들이신 하나님께서 하나님을 알려주셨다.(요 1장 18절) 결코 끊어질 수 없는 이 끈의 원형, 곧 아버지와 그 품속에 계신 외아들의 관계가 골고다에서 끊어졌다. 십자가는 영원 전부터 아버지 품속에 계셨던 외아들과 아버지의 관계를 끊어놓는, 신의 도살장이었다.

그 아들 예수님조차 이해할 수 없는 잔인함과 고독함이 그곳 십자가의 언덕에 깃들었다. 그 십자가 위에서 하나님의 아들은 철저하게 혼자셨다. 고독하셨다. 그분께서 버려지셨다. 하나님으로부터, 그리고 사람들로부터. 예수님께서는 하나님의 아들이셨지만, 그러한 고난에 적응되지는 않으셨다. 아니, 그렇게 버림받아 하나님으로부터 단절되는 수난이 익숙해지지 않으셨다. "나의 하나님, 나의 하나님, 어찌하여 나를 버리셨습니까?"

이런 모순이 또 어디 있을까? 이런 모순이 우리를 견디기 힘들게 한다. 왜 하나님의 아들께서는 하필 고난을 당하는 아들이신가? 그분께서는 봄 햇살을 먹고 힘 있게 올라오는 새순이 아니라, 마른 땅에서 올라오는 마른 순이셨다. 꽃처럼 고운 모양도 없고 풍채도 없어서, 사람들이 보고 놀랄 만큼 상한 얼굴을 가지셨다. 그리고 버림받으셨다. 그래서 인류애로 아프리카로 갔던 슈바이처는 예수님의 십자가가 실패라고 말했다. 예수님께서 가르치고 치료하면서 하나님 나라를 도래시키려 하셨지만 하나님 나라는 끝까지 도래하지 않았다고 보았다. 십자가를 지면 하나님께서 구원해주시고 하나님 나라를 오게 하실 것이라 생각하고 예수님께서 십자가를 지셨으나, 하나님께서는 그분을 구원하지도 않으셨고, 하나님 나라가 도래하지도 않았다는 것이다. 슈바이처가 보기에 거대한 역사의 수레바퀴를 돌리려 했던 예수님의 시도는 실패했고, 예수님께서는 그 수레바퀴에 깔려 돌아가시고 말았다. 그분의 십자가는 실패했다. 죄 용서도, 하나님 나라도 가져오지 못했다.

아, 그러나 이 얼마나 고상한가? 하나님 나라를 도래케 하려는 그분의 고상한 노력, 그분의 고상한 인류애와 열정을 본받아 슈바이처는 아프리카로 갔다. 오늘날도 많은 사람들이 바로 이 십자가 앞에서 발길을 돌리고 만다. "다른 모든 가르침은 좋지만, 십자가는 부담스럽다. 십자가를 이해할 수 없다." 당연하다. 십자가는 사람의 지혜로 이해할 수 없는 것이다. 십자가는 부담스러운 것이다. 예수님께서도 그 고난의 깊이를 배워가는 과정을 거치셨다.

그래서 사도 바울은 이렇게 선포한다. 십자가의 말씀이 멸망할 자들에게는 어리석은 것이지만, 구원을 받는 사람인 우리에게는 하나님의 능력입니다.(고전 1장 18절) 유대 사람은 기적을 요구하고, 그리스 사람은 지혜를 찾으나, 우리는 십자가에 달리신 그리스도를 전합니다. 그리스도가 십자가에 달리셨다는 것은 유대 사람에게는 거리낌이고, 이방 사람에게는 어리석은 일입니다. 그러나 부르심을 받은 사람에게는, 유대 사람에게나 그리스 사람에게나, 이 그리스도는 하나님의 능력이요, 하나님의 지혜입니다.(고전 1장 22~24절) 슈바이처의 결심은 고상했지만, 그의 신학은 틀렸다. 십자가는 실패가 아닌 하나님의 능력과 지혜이다. 예수님의 침묵이 십자가를 증언한다.

2. 침묵, 하나님 아들의 언어

총독인 빌라도 앞에 섰을 때 예수님께서는 침묵하셨다! 대제사장들과 장로들이 고발했지만, 예수께서는 단 한마디도 대답하지 않으셨다. 2천 년 전의 대제사장과 장로들은 결코 무식한 사람들이 아니었다. 그들은 정치적으로 매우 명민하고 두뇌 회전이 빠른 똑똑한 사람들이었다. 그들은 재판 이전에 벌써 사형판결을 요구하고 있었다. 그 때에 대제사장은 자기 옷을 찢고, 큰 소리로 말하였다. "그가 하나님을 모독하였소. 이제 우리에게 이 이상 증인이 무슨 필요가 있겠소? 보시오, 여러분은 방금 하나님을 모독하는 말을 들었소. 여러분의 생각은 어떠하오?" 그러자 그들이 대답하였다. "그는 사형을 받아야 합니다."(마 26장 65, 66절)

대제사장의 뜰에 모여 사형을 모의하고서, 총독 앞에 와서는 정치적인 모함을 한다. "우리가 보니, 이 사람은 우리 민족을 오도하고, 황제에게 세금 바치는 것을 반대하고, 자칭 그리스도 곧 왕이라고 하였습니다." (눅 23장 2절) 빌라도는 이것이 말도 안 되는 모함이라는 것을 잘 알고 있었다. 그러나 빌라도의 소원은 하나였다. 가능하면 이 사건을 다른 사람의 손에 넘겨버리는 것이었다. 그러려면 예수님의 협조가 필요했다. 그래서 물었다. "사람들이 저렇게 여러 가지로 당신에게 불리한 증언을 하는데, 들리지 않소?"

침묵이 돌아왔다. 총독은 매우 놀랐다. 어떤 죄수든지 누구나 당연히 자신의 혐의를 벗기 위해 주어진 변론의 기회를 최대한 활용하기 때문이다. 대부분의 사람들은 권력을 가진 빌라도 앞에서 최선을 다해 적극적으로 자기 입장을 변호하였을 것이다. 그러나 예수님께서는 침묵하셨다. 벙어리가 아니셨지만, 주님께서는 그 십자가의 고난 앞에서 벙어리가 되셨다. 예수님께서는 변론하는 대신 저들이 모든 거짓 혐의들을 뒤집어씌우는 것을 조용히 듣기만 하셨다. 그것이 주님께 정해진 침묵의 운명이었다.

주님께서는 그 운명을 힘써 취하셨다. 대제사장 앞에 섰을 때에도 주님께서는 침묵하셨다. 많은 사람들이 거짓으로 그분의 죄를 증언하였다. 하나님의 성전을 헐고 사흘 동안 짓는 자라고 고발했으나(마 26장 61절), 예수님께서는 침묵하셨다. 자신뿐만 아니라 열두 군단의 호위군을 침묵시키셨다. 예수님을 잡으러 온 자들 앞에서 베드로는 칼을 뽑아 저항하였다. 예수님께서는 그를 나무라시며 말씀하셨다. "네 칼을 칼집에 도로 꽂아라. 칼을 쓰는 사람은 모두 칼로 망한다. 너희는, 내가 나의 아버지께, 당장에 열두 군단 이상의 천사들을 내 곁에 세워 주시기를 청할 수 있다고 생각하지 않느냐? 그러나 그렇게 되면, 이런 일이 반드시 일어나야 한다고 한 성경 말씀이 어떻게 이루어지겠느냐?"

제II부 견고한 심장

(마 26장 52~54절)

말씀을 이루시기 위하여 예수님께서는 자신의 권세를 침묵시키셨다. 잡히시는 그 순간에 예수님께서는 자신의 권세로 한 군단에 6,000명씩 열두 군단, 72,000명의 천사를 동원하여 부르지 않으시고, 침묵으로 자신의 십자가를 받으셨다. 침묵은 순종하는 자의 언어다. 침묵하는 자는 원통함에도 하소연하지 않는다. 가슴에 눌러놓은 그 많은 언어들을 시간과 함께 영원히 묻어버린다. 변명하지 않는다. 십자가에 달려계실 때 지나가는 자들은 자기 머리를 흔들며 그 침묵을 조롱하였다. "성전을 허물고, 사흘 만에 짓겠다던 사람아, 네가 하나님의 아들이거든, 너나 구원하여라. 십자가에서 내려와 보아라."(마 27장 40절)

여기에서 누구의 목소리가 들리는가? "네가 만일 하나님의 아들이면, 이 돌들을 떡이 되게 하라!" "성전에서 뛰어내려라!" 바로 그 목소리였다. 사탄이었다. "네가 만일 하나님의 아들이라면 네가 너를 구원해 보아라!" 자기를 구원하는 것이 하나님의 아들이라고 교묘히

강조하면서, 침묵하시는 예수 그리스도를 자극한다. 사탄은 십자가 위에서까지 끊임없이 예수님을 회유하였다. 모든 상황에서 예수님더러 예수님 자신을 섬겨보라고 한다. 만일 예수님께서 이 순간에 자신을 위해 기적을 행하시고 자신을 구원하신다면, 그것은 예수님 자신을 섬기시는 것뿐만 아니라 또한 사탄을 섬기시는 것이다. 그러면 오갈 곳 없는 우리 인류를 구하시려는 하나님의 계획은 또다시 수포로 돌아간다!

하지만 우리 주님께서는 마지막까지 침묵을 지키심으로써 하나님의 뜻에 순종하셨다. 끝까지 침묵을 지키심으로써 하나님의 말씀을 이루셨다. 첫 번째 아담은 자신이 하나님처럼 되기 위하여 선악과로 자신을 섬기다 타락하였다. 마지막 아담 예수님께서는 자신을 버리고 침묵으로 순종하여 죄와 사망의 권세를 물리치셨다. 그분께서 사탄의 머리를 밟으셨다.

그분께서 사탄의 유혹을 물리치신 이유, 고난의 잔을 드신 이유, 그분께서 침묵하신 이유는 바로 그분의 심장이 긍휼이었기 때문이었다. 구원의 희망이 없는 인류를 끌어안으시는 긍휼! 십자가는 "내가 너를 떠나지도 아니하며, 버리지도 않으리라!" 하신 하나님의 약속이 보류된 곳이다. 임마누엘의 약속이 떠나버린 유일한 공간이 예수님의 골고다였다. 거기에는 임마누엘의 약속을 지키지 않으시는 하나님의 무거운 침묵만 흘렀다. 하나님께서는 그 아들에게서 은총의 햇빛조차 거두어 가셨다. 그곳은 은총의 하나님께서 더 이상 은총을 베풀지 않으시는, 깊은 침묵이 흐르는 곳이었다. 그 침묵을 견디시며, 주님께서는 긍휼의 피를 우리를 위해 마지막 한 방울까지 모두 쏟아내셨다.

예수님의 성품 11

　예수님께서는 고난 가운데서 어린양의 침묵을 지키셨다. 십자가의 길은 잔인하고 고독했다. 그러나 예수님께서는 변론 대신 조용히 침묵하셨다. 대제사장 앞에서도, 빌라도 앞에서도, 열두 군단의 천사들을 두시고도 주님께서는 줄곧 침묵하셨다. 하나님께는 그분의 침묵이 순종의 언어였다. 우리에게는 그분의 침묵이 긍휼의 언어였다. 우리를 낫게 하시려고 우리 주님께서는 침묵하시며, 마음의 참으로 깊은 데까지 병드셨다. 사탄은 끊임없이 그분을 선동했지만, 주님의 침묵이 사탄의 머리를 밟았다. 침묵 가운데 흘리신 그분의 피가 오늘 우리의 생명을 살게 한다.

제Ⅲ부
그리스도께 바친 심장

제12장 믿음

요한복음 19장 23~37절

    학자들이 계산해보니 실제로 예수님께서 못 박히신 날이 주후 30년 4월 7일, 혹은 33년 4월 3일이라고 한다. 그날 그 십자가에서 예수님의 육신의 심장은 멈추었다. 그러나 그분의 긍휼은 멈추지 않았다. 그 심장의 펌핑으로 시작된 구원의 강이, 모든 백성들이 마실 크고 넓은 구원의 강이 되어 흘러나왔다. 성경에 그리스도의 고난이 기록된 목적은 믿는 자들을 울리거나 감성에 젖게 하려는 것이 아니다. 그 목적은 우리가 믿게 하려는 것이다. 주님께서 원하시는 것은 믿음이다. 그리스도의 긍휼과 사랑을 경험한 우리의 결론은 믿음이어야 한다. 그분의 성품과 인격, 그분 안의 긍휼을 느낄 때 우리는 그분께서 하나님의 아들이심을 믿는다. 그리고 오직 그분께서만 유일한 구원자이심을 믿는다.

1. 고난을 기록한 목적

성경에 예수 그리스도의 고난을 기록함으로써 담아낸 의미와 목적은 우리를 감성에 젖게 하는 것이 아니라, 우리로 하여금 믿게 하려는 것이었다. 이것은 목격자가 증언한 것이다. 그래서 그의 증언은 참되다. 그는 자기의 말이 진실하다는 것을 알고 있다. 그는 여러분들도 믿게 하려고 증언한 것이다.(요 19장 35절) 그리스도의 고난을 현장에서 직접 목격하였던 사도 요한이 바라는 것은 하나였다. 그 말씀을 듣는 자들과 읽는 자들이 예수님께서 하나님의 아들이심을 믿게 하려는 것이었다.

물론 감성은 중요하다. 다른 사람의 마음에 관해 묻고 이해하는 것은 교회 생활의 필수요소이다. 그러나 요한복음에 수난의 이야기를 기록한 사도 요한은 그리스도의 고난을 서술하며 감성적인 표현을 사용하지 않고 있다. 십자가가 예수님께 얼마나 아팠을지, 얼마나 외로웠을지, 얼마나 힘들었을지 등을 독자들이 상상하도록 자극하지 않는다. 요한이 십자가의 현장에 없었던 후대에게 말씀을 통해 요청하는 것은, 이렇게 십자가에서 돌아가신 예수님께서 '나의 주, 그리스도'이심을 믿는 것이다.

성경은 책이다. 책은 시간을 가지고 읽고 묵상하는 것이다. 말씀을 듣는 가운데 각자의 마음으로 이미지를 만들 수도 있고, 누군가에게서 어떤 의지와 결단을 초래하기도 한다. 어쩌면 예수님의 고난의 본질을 가장 왜곡한 것이 멜 깁슨의 '패션 오브 크라이스트'(The Passion of the Christ)라는 영화일 것이다. 그는 액션 배우이자 감독답게, 예수 그리스도께서 십자가 고난을 당하시는 모습을 생생하게 전달하는 데 치중하였다. 천주교신자인 멜 깁슨이 이 영화를 본 사람들에게서 빼앗아 간 것이 하나 있다면, 그것은 말씀이다. 그는 이 영화에서 십자가의 폭력적인 모습을 여과 없이, 현실 이상으로 이미지화하여 전달함으로써 그리스도인들을 충격에 빠뜨렸다. 심지어 심장이 약한 사람들은 쓰러지기까지 했다. 그렇게 그는 우리가 예수님의 수난을 감성적으로 떠올리게 만들었다.

재미있게도 그는 돈을 엄청나게 벌게 해준 개신교 관객들을 조롱하였다. 그는 자기 신앙에 충실했다. 로마 카톨릭 교인답게 그리스도의 십자가를 이미지화해버린 것이다. 관객들로 하여금 잔혹한 이미지에 빠져들게 함으로써 고난의 감성에 젖게 만들었다. 하지만 우리 삶에서는 사탄의 모습이 그 영화처럼 그렇게 징그럽거나, 무섭거나, 더럽지 않을 수도 있다. 외려 매끄럽고 친절한 광명의 천사, 다정한 이웃, 입맞춤하는 친구의 모습일 수도 있다. 유대인들과 로마 군인들이 예수님을 못으로 달아놓은 십자가를 집어던지면서 고통스럽게 한 것이 사실이지만, 예수님께 가장 잔인한 최악의 고통을 드린 것은 그들이 아니라, 바로 죄인인 우리들이다.

예수님께서 십자가에 달려 겪으신 가장 큰 고통은 육체적인 것이 아니라, 그분 아버지로부터 버림받아 관계가 단절되는 심판이었다. 죽어버린 우리의 혈관을 하나님의 생명줄에 연결시키기 위해 주님께서는 자신의 생명을 놓으셨다. 그런 십자가의 예수님을 이 영화에서는 폭력으로 가득한 자극적인 장면으로 가려버린다. 물론 십자가는 인류 역사상 가장 잔인하고 가장 고통스러운 형틀이다. 그 아픔, 외로움과 수치심, 배신감과 분노는 이루 말로 다할 수 없었을 것이다. 그것을 애써 참으시는 예수님을 보면 저절로 연민이 생긴다. 감수성이 조금만 풍부해도 금방 눈물로 볼을 적실 수 있다.

그러나 핵심은 믿음이다. 사도 요한은 가장 가까이에서 예수 그리스도의 십자가를 목격하면서 어쩌면 가장 감성적인 사람이 될 수도 있었을 것이다. 그러나 그는 너무나 담담하게 말한다. 병사들 가운데 하나가 창으로 그 옆구리를 찌르니, 곧 피와 물이 흘러나왔다. 사랑하는 주님의 참혹한 죽음을 묘사하는 이 장면에서 요한에게 감정이 없을 수는 없다. 아마 사실 심장이 찢어지는 것 같았을 것이다. 그러나 요한은 담담히 자신이 목격한 사실만 묘사한다. 그리고 우리에게 믿으라고 요청한다. 이 역사적 사건이 우리에게 요구하는 반응은 예수 그리스도를 믿는 것이다. 그 이유는, 그리스도의 십자가가 구약 예언의 성취였기 때문이다.

2. 흩어진 뼈들이 모여 생명체로

복음서에는 특징적으로 눈에 띄는 표현이 있는데, '이루려고 하신 것이다'라는 표현이다. 특히 마태복음에서는 예수님의 베들레헴 탄생, 애굽 피난, 악한 헤롯왕의 유아 학살, 예수님의 치료와 자비, 비유, 십자가 등 여러 구절들이 구약의 예언이 성취된 것이라고 확인해주고 있다.

예수님의 십자가는 예언이 성취된 것이다. 일부는 예수님께서 의지적으로 이루신 것이고, 그밖에 저절로 성취된 것도 있다. 예수님께서 마지막에 "목마르다."라고 하신 것은 의지적으로 직접 말씀하셔서 시편을 성취하신 것이다. 배가 고파서 먹을 것을 달라고 하면 그들은 나에게 독을 타서 주고, 목이 말라 마실 것을 달라고 하면 나에게 식초를 내주었습니다.(시 69편 21절) 시편 가운데서도 자기 자신의 비참함을 가장 많이 토로하는 곳이 69편이다. 자신을 지치고 마음이 상한 자, 근심이 가득한 자, 정말 불쌍한 사람, 가난하고 슬픈 사람이라고 나열하여 고통스럽게 묘사하고 있다.

누가 이 시편이 메시아를 예언하는 것이라고 생각했을까? 그러나 사람들로부터 버림받고 하나님으로부터 버림받은 독생자 예수님께서는 이 시편을 아셨다. 그리고 그것이 지금 십자가에 달린 자신을 위한 말씀이라는 걸 아셨다. 주님께서는 십자가 위에서 자신의 의식이 끊어지기 전에 이 말씀을 이루어야 한다는 것을 아셨다. 그래서 마지막 남은 모든 의식과 힘을 모아 "목마르다."라고 외치셨던 것이다.

우리는 이 한 구절만으로도 예수님께서 하나님께서 보내신 아들이심을 알게 된다. 만일 유대인들이나 불신자들이 주장하는 대로 그분께서 자칭 하나님의 아들이었다면, 이렇게 십자가로 끝나버리는 자신의 인생을 한탄하거나, 자신을 벌주는 자들을 저주했을 것이다. 어떤 사이비 종교 지도자가 우연히 체포되어 발생한 사건이라면, 이런 고통스런 죽음 앞에서 결코 평정심을 지킬 수가 없었을 것이다. 만일 추종자들이나 모으는 사기꾼이라면, 아마 자신의 추종자들을 대신 희생시키고 자신은 일찌감치 몸을 피했을 것이다. 그러나 예수님께서는, 예언과 약속의 성취로서 오신 하나님의 아들께서는, 세상에서 가장 수치스럽고 고통스럽고 견디기 힘든 죽음과 마주친 이 순간에도 흐트러짐 없이 "목마르다"라는 그 말씀 한마디를 외침으로써, 자신이 온 목적, 오직 성경을 이루는 그 목적을 성취하신다.

스퍼럴(J. M. Spurrel)이라는 사람은 예수님께서 목마르신 것이 실상은 다름 아니라 '하나님의 성령으로부터 단절되는 것을 가리킨다'고 해석했다. 물론 본문이 직설하지 않기 때문에 다소 무리는 있다. 하지만 그 저주받은 나무 위에서는 예수님께서 공적인 사역을 처음 시작하실 때부터 함께 계셔서 강력하게 역사하셨던 성령님마저 떠나시고, 예수님께서는 혼자가 되심으로 말미암아 목마르셨다는 것을 짐작할 수 있다. 그러므로 예수님께서 "목마르다." 하신 말씀은 "나의 하나님, 나의 하나님, 어찌하여 나를 버리셨습니까?"(마 27장 46절)라는 말씀과 같은 의미였다. 주님께서는 은총의 빛을 하나도 남김없이 다 빼앗기시면서 성경의 예언을 남김없이 다 이루셨다.

예수님께서는 마치 도살장의 양들이 모가지를 드리우고 조용히 피를 흘리며 죽는 것처럼, 전혀 요동 없이, 너무나도 숙연하게 자신의 죽음 앞에서 침묵하셨다. 그는 굴욕을 당하고 고문을 당하였으나, 아무 말도 하지 않았다. 마치 도살장으로 끌려가는 어린 양처럼, 마치 털 깎는 사람 앞에서 잠잠한 암양처럼, 끌려가기만 할 뿐, 아무 말도 하지 않았다.(사 53장 7절) 세상에 양만큼 눈도 나쁘고 자기를 보호할 줄 모르는 동물도 없고, 또한 세상에 양만큼 자신의 운명을 순순히 받아들이는 동물도 없다. 십자가에 달리신 예수님께서 세상의 죄와 세상이 받을 심판과 저주를 지고 가신 '유월절 어린양', 하나님의 아들 메시아이신 것을 믿어야 한다. 그것이 십자가 이야기를 기록한 요한의 목적이었다. 그리고 그것이 그리스도께서 베푸신 모든 긍휼과 기적의 이유이다.

예수님의 의지와 상관없이 십자가 현장에서 저절로 성취되는 일들도 있었다. 군인들이 제비를 뽑아 예수님의 옷을 나누었다. 그들은 죄수인 예수님의 옷을 취했다. 그분을 십자가에 달기 위해 거추장스러운 옷을 다 벗겼다. 주님께서는 마치 가죽을 벗긴 짐승처럼, 벌거벗긴 채로 수치스럽게 십자가에 달리셨다. 그 순간에도 성경의 예언들은 저절로 이루어지고 있었다. 나의 겉옷을 원수들이 나누어 가지고, 나의 속옷도 제비를 뽑아서 나누어 가집니다.(시 22편 18절) 군인들은 예수님의 옷을 챙겨서 제비를 뽑았다. 자신들도 모르는 사이에 그들을 통해 성경 말씀이 십자가 곁에서 저절로 이루어지고 있었다.

그리고 또 다른 말씀이 주님께서 숨을 거두신 다음에 성취되었다. 우선 예수님의 뼈가 꺾이지 않았다. 안식일을 예비하기 위해 유대인들은 빌라도에게 가서 시체의 다리를 꺾고 치우라고 요청한다. 시간상 아직 사형수들이 죽지는 않았을 테지만, 안식일에 시체가 달려있으면 안 되므로 급히 끌어내려서 바로 죽이라는 것이었다. 다리를 꺾는 것은 순식간에 큰 고통을 주어 실낱같이 남은 사형수의 목숨을 서둘러 끊는 것이다. 사형수들이 십자가에 오랫동안 달려있어도, 인간의 신체 가운데 가장 힘이 강한 다리에는 여전히 힘이 남아있다. 그 덕분에 팔이나 심장에 부담이 덜 가고, 숨을 쉬거나 생명을 다소간 연장시키게 된다. 하지만 다리가 부러지면 더 이상 견디지 못한다. 다리가 부러질 때 심장이 갑작스럽게 엄청나게 위축되어 금방 사람이 죽게 된다. 이런 쇼크사를 유발하기 위해 군인들은 쇠망치로 잔인하게 사형수의 다리를 내리쳤다.

사형을 집행하는 로마 군인들은 함께 십자가에 달린 강도 두 사람의 다리를 꺾어 죽음을 확인했다. 그러나 예수님께 이르러서는 벌써 돌아가신 것을 확인하고 다리를 꺾지 않았다. 그것은 정말 우발적이고 예외적인 일이었다. 순전히 사형수들의 죽음을 확인하는 병사들의 선택에 달린 일이었다. 사형당하신 예수님의 뼈가 꺾이지 않은 것은 우연보다 더 우연 같은 일이었다. 그리고 이것은 이미 하나님께서 구약 예언이 성취되도록 치밀하게 준비해놓으신 것이었다. 뼈를 꺾지 않는 것, 이것은 출애굽기와 민수기에 기록된 유월절 양의 모습이었다.

그 후에 예수님께서 돌아가신 것을 확인한 병사가 예고도 없이 예수님의 옆구리를 찌른다. 병사들 가운데 하나가 창으로 그 옆구리를 찌르니, 곧 피와 물이 흘러나왔다. 이 장면조차 다른 성경의 예언들이 응한 것이다. 그러면 그들은, 나 곧 그들이 찔러 죽인 그를 바라보고서, 외아들을 잃고 슬피 울듯이 슬피 울며, 맏아들을 잃고 슬퍼하듯이 슬퍼할 것이다.(슥 12장 10절) 이 구절을 두고 종교개혁자 칼빈은 유대인들이 그리스도의 심장을 찌르고, 그리스도께서 자기 백성의 죄에 찔리신다고 말한다. 우리의 죄 때문에 우리를 대신하여 그분의 심장이 찔렸다.

사도 요한의 화법은 직설적이다. 결코 은유적이거나 감상적이지 않다. 창으로 옆구리를 찌르니 피와 물이 나왔다. 십자가 앞에서 우리에게 감정적인 동요가 없어도 괜찮다. 분명한 것은 도케투스(Docetus)의 가르침이 틀렸다는 것이다. 그는 예수님의 몸이 환영이라고 하였다.

예수님의 죽음도 육신이 직접 고통을 당한 것이 아니라고 주장했다. 그러나 예수님께서는 분명 우리를 위해 그 몸으로 직접 죽으셨다. 사도 요한은 그 사실을 증언하며 믿기를 요청한다.

예수님의 십자가는 마치 에스겔의 환상과 같이 구약의 말씀들이 성취되는 것이다. 모든 흩어진 뼛조각들이 모여서 사람의 뼈가 되고, 살이 붙어서 다시 군인이 되고, 군인들이 모여 큰 군대가 이루어진 에스겔의 환상과 같이, 구약성경의 모든 조각들이 그리스도의 십자가 앞에서 모여 이렇게 저렇게 성취되고 재구성되어 믿음의 증거가 되었다. 십자가에 달리신 그분께서 바로 나의 주님, 우리의 주님, 하나님의 아들 예수 그리스도이심을 믿어야 한다. 이 믿음만이 그분께서 십자가에 달리신 목적이며, 그 죽음을 가장 의미 있게 하는 것이다.

주님께 드려진 심장 1

　십자가의 목적은 감정을 고양하거나 감성을 건드리는 것이 아니다. 십자가의 목적은 우리가 예수님을 믿게 하는 것이다. 복음서는 우리의 감성을 자극시키는 대신 일어난 사실들을 담담히 전달한다. 구약 여기저기에 흩어져있던 예언들이 십자가에 다 모여 성취되었다고만 말한다. 돌아가신 그분께서 메시아이심을 믿으라고 요청한다. 예수님께서는 순종하셨다. 죽음을 맞으셨다. 그 후에도 너무나 우발적이지만 너무나 치밀했던 하나님의 예언대로 모든 일들이 일어났다. 십자가를 앞에 두고 일어나는 우리의 감성은 잠시 접어두고, 우리는 우선 믿음의 고백을 주님께 드려야 한다. 하나님의 지혜인 그리스도의 십자가에 우리가 마땅히 보일 반응은 인간으로서 가장 인격적이고 진지한 반응, 즉 믿음이어야 한다.

제13장 나는 아닙니다

요한복음 1장 19~28절, 3장 22~30절

    그리스도의 심장을 뛰게 하기 위해 내 심장은 멈추어야 한다. 왔고 올 모든 세대의 대지를 주님의 긍휼의 피로 적시게 하기 위해, 나의 탐욕의 핏줄은 경화되고 나의 심장은 막혀야 한다. 그리스도께서 "나는……이다."리고 하실 때, 우리의 자기주장은 "나는……아닙니다."여야 한다.

1. "나는 아닙니다." (οὐκ εἰμὶ ἐγ)

요한복음에서는 유독 예수님의 자기소개가s 다양하게 나타난다. 예수님께서는 "내가 생명의 빵이다."(요 6장 35절)라고 하셨다. 그리고 "나는 양이 드나드는 문이다."(요 10장 7절)라고 하셨으며, 요한복음 10장 11절에서는 "나는 선한 목자이다."라고 하셨다. 다양한 은유법을 통해 예수님께서 자신의 성품과 정체성을 풍성하게 드러내시는 성경이 요한복음이다.

이와 대조적으로 세례요한은 요한복음에서 자기를 소개할 때 우선 부정문을 사용한다. "나는 그리스도가 아니고, 그분보다 앞서서 보내심을 받은 사람이다." 헬라어를 보면 예수님께서는 '나는……이다.'(ego eimi)라는 표현을 사용하신 반면, 세례요한은 '나는……아니다.'(ouk eimi ego)라고 말한다. 어쩌면 매우 소극적이고 슬픈 자기소개가 아닐 수 없다. 정말 존재감이 없는 자기소개다! "나는 아닙니다. 나는 아닌 존재입니다!" "나는 당신들이 생각하거나 기대하거나 기다리는 그런 존재가 아닙니다."

사실 세례요한은 예루살렘의 제사장들과 레위인들로부터 경계를 받은 대상이었다(요 1장 19절). 얼마만큼의 사람들이 따랐는지는 알 수 없지만, 그의 영향력은 유대의 중심, 예루살렘 성전에 있던 사람들조차 위협을 느낄 정도였다. 선지자가 없던 그 시대에 그는 시대를 뒤흔들 수 있는 돌발변수였고, 종교와 권력의 기득권자들에게는 큰 위협이 아닐 수 없었다. 그 대단함에 놀란 사람들이 와서 물었다. "당신이 그리스도입니까?"

그러나 그의 대답은 어이없고 실망스러웠다. 자기 존재감이 없는 대답이었기 때문이다. 요한의 첫마디는 선명했다. "나는 그리스도가 아니오." 두 번이나 더, 총 세 번씩이나 그는 아니라고 말한다. 그들이 다시 요한에게 물었다. "그러면, 당신은 누구란 말이오? 엘리야오?" 요한은 "아니오." 하고 대답하였다. "당신은 그 예언자

요?" 하고 그들이 물으니, 요한은 "아니오." 하고 대답하였다. 그리고 그것이 그의 유언이 되었다. 그가 아직 감옥에 갇히기 전, 이제 그는 '나는……아니다.'를 제자들에게 전수한다. "너희야말로 내가 말한 바 '나는 그리스도가 아니고, 그분보다 앞서서 보내심을 받은 사람이다' 한 말을 증인할 사람들이다."

사실 세례요한이 이 말을 할 때는 제자들 사이의 분위기가 좋지 않은 때였다. 예수님께서 등장하신 이후로 세례요한의 제자들은 상당한 위기의식을 느끼고 있었다. 요한의 제자들이 요한에게 와서 말하였다. "랍비님, 보십시오. 요단 강 건너편에서 선생님과 함께 계시던 분 곧 선생님께서 증언하신 그분이 세례를 주고 있는데, 사람들이 모두 그분에게로 모여듭니다." 예루살렘에서 위험을 느낄 만큼 한때는 많은 사람들이 왕성하게 요한을 찾아왔었는데, 이제 사람들이 모두 예수님께로 가고 있었다. 세례요한의 제자들은 말로 형언할 수 없는 불안을 경험하고 있었다. 그것은 어떤 유대인들과 제자들 사이에서 결례에 대한 논쟁이 있었다는 사실에서도 두드러진다. 결국 그 논쟁의 핵심도 예수께서 주시는 세례 때문에 생긴 것이었다.

'이러다가 제자들을 다 빼앗기겠다!' 제자들의 위기의식은 더욱 깊어졌다. 제자들의 소원은 하나, 세례요한의 세례가 먼저 왔고 더 고상한 원조라고 인정받는 것이었다. 그런데 사람들은 발길을 돌리기 시작했다. 어찌나 분하고 화가 났는지, 그들은 예수라는 이름을 입에 담지도 않았다. 그리고 과장법을 사용해서 상황을 설명한다. "사람들이 모두 그분에게로 모여듭니다."

제자들의 위기의식을 세례요한이 모를 리 없었다. 그러나 그는 흔들리지 않았고, 처음부터 지금까지 변함이 없었다. 예수님을 만나기 전, 예수님을 만나는 순간, 그리고 예수님을 만난 이후에도 그는 변함이 없었다. "내가 전에 말하기를 '내 뒤에 한 분이 오실 터인데, 그분은 나보다 먼저 계시기에, 나보다 앞서신 분입니다' 한 적이 있습니다. 그것은 이분을 두고 한 말입니다." (요 1장 30절)

2. 하늘에서 주신 심장

30세의 세례요한에게는 비장한 자기의식이 있었다. 그것은 냉정한 자기 부인으로 이어졌다. "나는 그리스도가 아니고, 그분보다 앞서서 보내심을 받은 사람이다." 그는 그리스도와 가장 가까이 있으면서, 그리스도가 아닌 한 사람의 인간으로서 자신의 부르심의 한계를 냉정하게 받아들였다. "하늘이 주시지 않으면, 사람은 아무 것도 받을 수 없다." 그리고 아직 다 피지도 못한 그 젊은 날에 자신의 임무를 기쁨으로 마감할 준비를 하고 있었다.

어떤 사람들은 예수만 믿으면 뭐든지 할 수 있다고 말하지만, 하늘에서 주지 않으신 것은 결코 받을 수 없다. 주지 않으신 것을 받으려고 욕심부리다가 천사는 사탄이 되었고, 아담과 하와는 인류를 타락과 불행의 구렁텅이로 몰아넣었다. 과연 우리는 자신이 허락받지 못한 것에 집착하는 자기연민을 떨쳐낼 수 있을까? 세례요한처럼 우리도 자기를 위한 심장이 아닌 그리스도를 위한 심장을 소유할 수 있을까?

3. 나는 소리입니다

세례요한은 소리였다. 다른 복음서와 달리 유독 요한복음에서는 세례요한이 스스로에 대해 설명하고 있다. "예언자 이사야가 말한 대로, 나는 '광야에서 외치는 이의 소리'요." 그는 자신의 사명이 하늘에서 주신 임무라는 것을 알고 있었다. 왕을 맞이하라고 외치는 자의 목소리였다.

소리의 예술은 음악이다. 미술이 공간과 시각을 위한 예술이라면, 음악은 시간과 청각을 위한 예술이다. 음악은 시간을 따라 흐르면서 우리에게 청각으로 전달된다. 그러나 음악이 소리의 예술이라고만 생각한다면, 그건 절반만을 아는 것이다. 음악은 동시에 '침묵' 혹은 '고요함'의 예술이기 때문이다. 음악과 같은 세례요한의 삶은 소리와 침묵으로 예수님께 드려졌다. 회개하라 외치던 광야의 소리는 예수님께서 등장하셔서 세례를 주기 시작하시면서 고요함 속으로 사라져갔다. 더구나 감옥에 갇히면서 그의 목소리는 깊은 침묵에 빠졌다. 그리고 마침내 그가 목이 베여 죽으면서, 그의 목소리는 영영 사라져버렸다. 헤롯왕의 생일잔치에서 살로메의 춤 값으로 치러진 그의 생명! 이제 갓 서른을 넘긴 세례요한의 일생은 이렇게 짧고 억울하게 끝이 났다. 그리고 그것은 자기 스스로 선택하여 따른 부르심의 길이었다. 그의 심장은 자연의 수명을 따르지 않고, 예수님과 하나님 나라를 위해 드려진 것이었다.

그러나 그는 그런 운명이 그저 기뻤다. 신부를 차지하는 사람은 신랑이다. "신랑의 친구는 신랑이 오는 소리를 들으려고 서 있다가, 신랑의 음성을 들으면 크게 기뻐한다. 나는 이런 기쁨으로 가득 차 있다. 그는 흥하여야 하고, 나는 쇠하여야 한다." 소리와 침묵이 어우러질 때 비로소 위대한 예술이 탄생한다. 그는 소리와 침묵으로 하나님 나라의 아름다운 음악을 연주했던 하나님 나라의 탁월한 음악가였다.

그리스도를 위한 그의 심장이 삶의 마지막을 향해 뛸 때, 예수님께서는 그의 존재를 새롭게 인정해주셨다. 예수님께서 무리에게 요한을 두고 말씀하셨다. "너희는 무엇을 보러 광야에 나갔더냐? 바람에 흔들리는 갈대냐? 아니면, 무엇을 보러 나갔더냐? 화려한 옷을 입은 사람이냐? 화려한 옷을 입은 사람은 왕궁에 있다. 아니면, 무엇을 보러 나갔더냐? 예언자를 보려고 나갔더냐? 그렇다. 내가 너희에게 말한다. 그렇다. 그는 예언자보다 더 훌륭한 사람이다. 이 사람을 두고 성경에 기록하기를, '보아라, 내가 내 심부름꾼을 너보다 앞서 보낸다. 그가 네 앞에서 네 길을 닦을 것이다' 하였다. 내가 진정으로 너희에게 말한다. 여자가 낳은 사람 가운데서 세례자 요한보다 더 큰 인물은 없었다. 그런데 하늘 나라에서는 아무리 작은 이라도 요한보다 더 크다. 세례자 요한 때로부터 지금까지, 하늘 나라는 힘을 떨치고 있다. 그리고 힘을 쓰는 사람들이 그것을 차지한다. 모든 예언자와 율법서는, 요한에 이르기까지, 하늘 나라가 올 것을 예언하였다. 너희가 그 예언을 기꺼이 받아들이려고 하면, 요한, 바로 그 사람이 오기로 되어 있는 엘리야이다.(마 11장 7~14절)

요한의 죽음은 억울하게 보이지만, 그는 헛되게 살지 않았고, 허무하게 죽지도 않았다. 그는 선지자 중의 선지자 엘리야였고, 여자가 낳은 사람들 가운데 가장 큰 위인이었다. 그의 삶은 의미가 있었고, 하나님께서 보시기에 완성된 삶이었다. "나는 아닙니다." "바로 저분께서 그리스도이십니다." 마리아의 수태 소식에 엄마 엘리사벳의 뱃속에서 뛰놀던 세례 요한, 그의 심장은 아직도 그리스도를 위해 뛰고 있다.

주님께 드려진 심장 2

　우리 주님의 심장을 뛰게 하기 위해 나의 심장은 멈추어야 한다. 주님께서 '나는……이다.'라고 말씀하실 때 우리는 '저는……아닙니다.'라고 말해야 한다. 세례요한처럼 우리는 그리스도가 아니어야 한다. 하늘에서 주지 않으신 것을 받았다고 외쳐서는 안 된다. 오직 예수님만 '……이시다.' 그리스도, 선한 목자, 양의 문, 영생의 떡, 영생의 물이시다. 우리는 아니다. 우리는 요한처럼, 혹은 바로의 꿈을 풀이한 요셉처럼, 탐욕으로 본분을 망각하고 불법을 저지른 사탄의 것과 같은 자기주장과 자존감을 버리고, "나는 아닙니다!"라고 끊임없이 외치며 살아야 한다. 그래야 우리 삶에서 예수님의 심장이 뛸 수 있다. 우리는 다만 살아있는 동안 그분을 외치는 소리일 뿐이다.

제14장 감사로 드린 심장

누가복음 17장 11~19절

    감사란 정말 신비로운 것이다. "감사합니다!" 이 짧은 한 마디로 천냥 빚을 갚을 수 있기 때문이다. "감사합니다!" 이 한마디는 무엇으로도 갚을 수 없는 엄청난 은혜에 대한 반응으로 걸맞은 대단한 말이다. 그런데 이 한마디, 마땅히 표현해야 할 이 한마디가 생략되면 영생으로 향하던 운명이 바뀔 수 있다. 주님의 긍휼을 입었으면 지금 말해야 한다. "주님, 감사합니다!"

1. 다국적 운명공동체

열 명의 나병환자들은 그 엄청난 질명의 고통만큼이나 서로간에 정이 끈끈하였다. 똑같은 질병을 앓는 이들 열 명의 환자들은 건강한 가족들과는 평생 함께 살 수도 없는 사람들이었다. 나병환자들이 모여 집단을 이룬 것은 역사적으로 오래 전부터 있었던 일이었다. 열왕기하 7장을 보면 네 명의 나병환자 이야기가 나온다. 시리아 군대가 북이스라엘의 수도인 사마리아를 에워쌌을 때 성의 굶주림이 심각하였다. 성에 먹을 것이 없으니 성문 어귀의 나병환자들의 굶주림은 더 심했다. 그래서 네 나병환자들은 죽기를 각오하고 적군에 투항하기로 결심한다. 그래서 죽이면 죽고 먹을 것을 주면 살겠다는 결심이었다.

그들이 하는 말을 살펴보면, 주어가 단수인 '나'가 아니라 복수인 '우리'다. 그들은 '우리'라고 반복하여 말한다. "우리가 어찌하여 여기에 앉아서 죽기만을 기다리겠느냐? 성 안으로 들어가 봐도 성 안에는 기근이 심하니, 먹지 못하여 죽을 것이 뻔하고, 그렇다고 여기에 그대로 앉아 있어 봐도 죽을 것이 뻔하다. 그러니 차라리 시리아 사람의 진으로 들어가서 항복하자. 그래서 그들이 우리를 살려 주면 사는 것이고, 우리를 죽이면 죽는 것이다."(왕하 7장 3, 4절) 그들은 살아도 같이 살고, 죽어도 같이 죽는 한 덩어리의 운명이었다.

누가복음 17장의 나병환자 열 명이 머물던 그 지역 자체가 갈릴리와 사마리아 경계에 있었기 때문에, 이들 가운데는 사마리아 사람들과 유대인들이 함께 있었을 것이다. 건강했다면 서로 얼굴도 마주하지 않았을 사람들이었지만, 양쪽 어느 지역에서도 환영받을 수 없는 그들의 특별한 질병이 국적을 초월하여 그들을 하나가 되게 하였다. 그 병이 그렇게 만들었다. 출신과 상관없이 그들은 누구보다 깊이 서로 공감하고 서로 위로하였다. 자신들을 향해 돌팔매질하는 사람들이 있을 때는 서로를 지켜주면서, 형제보다 더 끈끈한 운명공동체를 형성하고 있었다.

그들이 예수님을 만났을 때도 그들은 하나였다. 예수님을 만난 열 명의 나병환자들도 열왕기하 7장의 나병환자들처럼 자신들을 '우리'라고 부른다. "예수 선생님, 우리를 불쌍히 여겨 주십시오." 그들은 운명공동체였다. 그들에게는 '나'가 없었다. 언제나 '우리'였다. 그리고 예수님께서는 불쌍히 여겨달라는 그들의 말대로 열 명이 하나인 것처럼 치료해주셨다. 예수께서는 보시고 그들에게 말씀하셨다. "가서, 제사장들에게 너희 몸을 보여라." 그런데 그들이 가는 동안에 몸이 깨끗해졌다.

그들 공동체의 성격과 바람대로 열 명이 한꺼번에 깨끗하게 나았다. 누가 먼저 예수님을 만나자고 했든지, 혹은 누가 예수님의 위치를 수소문하여 찾았든지 간에 그들은 하나였다. "그래도 시키는 대로 한번 해보자. 낫지도 않은 몸으로 제사장에게 가서 보이라는 게 이해는 되지 않지만, 까짓것 뭐 얼마나 힘들까? 우리 한번 해보자!" 누가 이렇게 제안을 해서 따랐든지 어쨌든지, 그들은 하나였다. 낫고자 하는 의지에서 하나였고, 외치는 목소리에서 하나였고, 믿음과 순종에서도 하나였다.

2. 감사 앞에서 흩어진 공동체

그러나 거기까지! 치료받은 은혜에 감사해야 하는 순간 앞에서 그들은 다시 열 명으로 나뉘었다. 처음 열 명의 나병 환자들은 예수님을 만나려고 계획할 때부터 주님을 만나 치료받을 때까지, 공동체의 의지로 자신들의 목적을 이루어냈다. 하나가 되어 예수님께 외치고 또 말씀에 순종함으로써, 마침내 자신들이 그렇게도 꿈꾸던 나병의 치료를 경험하였다. "어? 네 얼굴, 네 손이!" "내 얼굴은 어때?" "정말 깨끗해졌어!"

그런데, 서기까지만 그들은 공동체였다. 서기까지만 그들은 하나였다. 이렇게 끈끈했던 운명 공동체, 천하에서 찾아볼 수 없는 이 기적의 주인공들이, 자신들을 치료해주신 주님께 돌아와 감사를 드려야 하는 순간에는 산산이 흩어져버렸다. 그런데 그들 가운데 한 사람은 자기의 병이 나은 것을 보고, 큰 소리로 하나님께 영광을 돌리면서 되돌아와서, 예수의 발 앞에 엎드려 감사를 드렸다. 그런데 그는 사마리아 사람이었다. 감사는 결코 쉬운 것이 아니다. 어떤 좋은 일이 생기면 그때는 반드시 감사하겠다는 말이 늘 맞는 말은 아니라는 것을 이들이 적나라하게 보여주었다.

주님께서는 섭섭하셨다. 그래서 예수께서 말씀하셨다. "열 사람이 깨끗해지지 않았느냐? 그런데 아홉 사람은 어디에 있느냐? 하나님께 영광을 돌리러 되돌아온 사람은, 이 이방 사람 한 명밖에 없느냐?" 예수님께 감사 드리러 오지 않은 것은 곧 하나님께 영광을 돌리지 않은 것이다. 하나님께 영광을 돌리지 않은 것은 결국, 자신이 그 영광과 공로를 가져가겠다는 것이다.

이 작은 공동체의 특성상, 아마도 이 사마리아 사람은 그때까지 운명의 동지들이었던 나머지 아홉 명을 설득하려 했을 것이다. "친구들, 우리가 예수 선생님 덕분에 이렇게 깨끗하게 나았는데, 제발 돌아가서 예수 선생님께 감사 드리세!" 그러나 그 순간까지 모든 생사고락을 함께했던 운명 공동체는 감사라는 도전 앞에서 완전히 와해되고 말았다. 그들의 마음은 순식간에 완고해졌고, 자기가 치료되었다는 기쁨에 도취된 나머지 치료와 생명의 근원이신 예수님을 잊어버렸다. 그리고는 주님께 감사 드리러 돌아가기를 완강하게 거절하였다. "우리가 그 사람 앞에서 치료받았으면 그때 감사했겠지. 여기까지 왔는데 뭐하러 다시 돌아가?"

그다지 힘들지 않을 것 같은 감사가, 그러나 결코 쉽지 않았다. "난 지금 가서 만날 사람이 많아!" "난 하고 싶은 일도 많고 해서." 그 아홉 명은 순식간에 사람들의 무리 속으로 사라져버렸다. 은혜를 입은 자가 감사 드리는 것을 잊어버렸을 때, 주님께서는 애써 그들을 찾으신다. "나머지 아홉 명은 어디 있느냐?" 감사를 생략해버린 그 아홉 명 때문에 주님의 마음에는 진한 아쉬움이 남았다. 그들이 감사를 거절함으로써 주님께서 상처를 입으셨다. 그들은 주님의 능력과 자비와 인격과 존재

제Ⅲ부 그리스도께 바친 심장

를 무시했던 것이다. 그는 사람들에게 멸시를 받고, 버림을 받고, 고통을 많이 겪었다. 그는 언제나 병을 앓고 있었다. 사람들이 그에게서 얼굴을 돌렸고, 그가 멸시를 받으니, 우리도 덩달아 그를 귀하게 여기지 않았다.(사 53장 3절) 은총을 베풀었는데도 감사 드리러 오지 않는 것으로 주님께서는 거절당하고 멸시당하셨다. 그들은 주님을 귀히 여기지 않은 것이다.

그 가운데 오직 한 사람, 이방인인 사마리아인, 그는 마치 밤하늘에 반짝이는 별과 같이 주님께 돌아와 감사드리고 하나님께 영광을 돌렸다. 주님께서 주님이시도록 하였다. 예수님 당시 성전의 '이방인의 뜰'에는 헬라어와 라틴어로 "다른 국적의 사람은 어느 누구라도 성전을 둘러싼 이 장애물과 울타리 안으로 들어갈 수 없다. 만일 누구든지 이 법을 어기다가 발각되면 반드시 죽임을 당할 것이다."라고 적혀있었다. 이방인들은 결코 하나님의 전에 들어갈 수 없었다.

감사의 노래를 드리며, 그 성문으로 들어가거라. 찬양의 노래를 부르며, 그 뜰 안으로 들어가거라. 감사의 노래를 드리며, 그 이름을 찬양하여라.(시 100편 4절) 이 시편은 감사제를 드릴 때 사람들이 성전 문으로 감사의 예물을 들고 들어가며 부르거나, 혹은 성전 안에서 찬양대가 부르던 감사의 노래다. 예수님께 치료받은 나병환자 열 명 중 아홉 명은 그 문에 들어가기를 거절하였다. 그러나 유대인이 아닌 이방인인 사마리아인 한 명만이 감사를 드리며 주님께 나아갔다. 감사드리며 주님께 나아갔을 때, 그는 구원받았다. "일어나서 가거라. 네 믿음이 너를 구원하였다." 감사드림으로써 하나님 나라에 들어갈 수 있었다. 그는 하나님의 백성이고, 그분께서 기르시는 양이었다.

주님께 드려진 심장 3

"감사합니다." 이 말만큼 하기 어려운 말도 없다. 열 명의 문둥병자들 가운데 딱 한 사람만 할 수 있었던 말이다. 남에게 호의를 베풀었다 하더라도, 감사는 기대하지도 말라. 열 중 하나만 되돌아와서 감사하는 것이 우리 주님께서 경험하신 상처이다. 하지만 내가 지금 느끼는 감사는 주님을 향하여 지금 당장 말씀드려야 한다. 우리에게 놀라운 일을 행하신 하나님께서 기뻐하시도록 하는 유일한 방법은, 즉시 주님께 감사하다는 작은 한 마디를 말씀드리는 것이다. 주님을 그렇게 기쁘시게 해 드릴 수 있는 이 아름다운 말을, 무슨 이유로 아껴두어야겠는가?

지금 말하세요

SAY IT NOW

작자미상(저자 번역)

지금 말하세요.
사랑할 만한 친구가 있거든
사랑하세요.
예, 물론
인생의 황혼이 깃들어 일몰의 석양빛이 이마에 덮이기 전에
당신이 그를 사랑한다는 사실을 꼭 알려주세요.
무슨 이유로
한 친구가 죽을 때까지
그 아름다운 언어를 아껴두시렵니까?

당신의 가슴을 벅차게 하는 노래 소리를 들으신다면
그것이 어떤 어린아이가 부르는 노래이든

칭찬해주세요.
너무 지체하는 바람에
노래한 그 사람이 마땅히 들어야 할 칭찬을
늦게 받지 않도록…….
무슨 이유로
당신의 가슴을 벅차게 하는 사람에게
당신이 느낀 기쁨을 나누어 주지 말아야 할까요?

.

.

(중략)

.

.

만일 친절하게 돕는 손길로 인해
당신의 일이 훨씬 쉬워졌다면
덕분에 일이 쉬워졌다고 꼭 말씀하세요.
용감하고 진실하게 큰 소리로 말하세요.
그렇게 다정다감한 형제 일꾼이
격려의 말 한마디때문에 흔들려서 되겠습니까?